어떻게 의미 있는 관계를 맺을 것인가?

엮은이_ 필립 프리먼Philip Freeman

하버드대학교에서 고전과 켈트학 박사학위를 받았다. 하버드신학교,
워싱턴 D.C.의 헬레닉 연구센터에서 초빙학자로 일했고 아이오와주 데
코라의 루터대학과 세인트루이스의 워싱턴대학교에서 고전학 교수를
지냈다. 현재 캘리포니아주 말리부에 있는 페퍼다인대학교에서 인문학
을 가르치고 있다. 지은 책으로는 『알렉산더 대왕Alexander the Great』, 『사포
를 찾아서Searching for Sappho』, 『다시 읽는 그리스로마 신화Oh My Gods: A Modern
Retelling of Greek and Roman Myths』 등 다수가 있다.

어떻게
의미 있는 관계를 맺을 것인가?

공허한 인간관계에 지친
현대인을 위한 고대의 지혜

마르쿠스 툴리우스 키케로 | 필립 프리먼 엮음 | 김현주 옮김

아날로그

일러두기

이 책은 고대 로마의 철학자 마르쿠스 툴리우스 키케로의 *Laelius de Amicitia*를 번역하고 개론을 덧붙인 프린스턴대학교 출판부의 *How to Be a Friend: An Ancient Guide to True Friendship*을 우리말로 옮긴 것이다.

차례

키케로와 『우정에 관하여』

마르쿠스 툴리우스 키케로 Marcus Tullius Cicero 의 가장 친한 친구는 아티쿠스 Atticus 였다. 그의 본명은 티투스 폼포니우스 Titus Pomponius 지만 그리스, 그중에서도 특히 성인이 된 후 오랫동안 살았던 아티카 지역의 도시 아테네에 대한 애정 때문에 아티쿠스라는 이름을 썼다. 아티쿠스와 키케로는 어린 시절 급속도로 친해져 노년까지 우정을 유지했다.

키케로는 격변과 내전의 시기인 기원전 1세기에 로마 정치에 전념하며 그 격동의 도시 한가운데에서 인생 대부분의 시간을 보냈다. 반면 아티쿠스는 아테네에서 안전거리를 유지한 채 로마의 정치를 지켜보며 뒤에서 로마의 양측 지도자들과 긴밀한 관계를 맺고 있었다. 키케로와 아티쿠스는 서로 떨어져 있었어도 몇 년 동안 편지를 주고받으며 보기 드문 헌신과 따뜻한 애정을 지닌 우정을 나눴다.

기원전 44년, 60대(당시 로마 기준으로 노인)의 키케로는 율리우스 카이사르^{Julius Caesar}의 독재정치로 인해 정치권에서 멀어져 로마 외곽에 있는 자신의 농장에서 지내고 있었다. 망명의 고통과 사랑하는 딸을 잃은 상실감을 달래기 위해 글을 쓰기 시작했다. 몇 개월 동안 그는 신의 본성과 정부의 참된 역할부터 나이 듦의 기쁨, 인생에서 행복을 발견하는 방법에 이르기까지 다양한 주제로 쉽게 읽을 수 있으면서도 영향력 있는 수필들을 썼다. 그중에는 아티쿠스에게 바치는 우정에 관한 짧은 글도 있었다.

『우정에 관하여』(라틴어로 '라일리우스 데 아미키티아^{Laelius De Amicitia}')는 단언컨대 우정을 주제로 다룬 책 중 최고다. 이 책에서 전하는 진심 어린 조언은 고대의 저작

물에서는 거의 찾아볼 수 없을 정도로 솔직하고 감동적이다. 로마인들은 대부분 우정을 실용적인 개념으로서 서로 이익을 얻기 위한 관계라고 생각했다. 키케로는 그런 우정도 중요하다는 점을 부인하지 않지만, 실용주의를 넘어 두 사람이 서로에게서 이익을 얻으려 하지 않고 자신의 또 다른 자아를 발견하기 위한 더 심오한 차원의 우정을 예찬한다.

플라톤Platon이나 아리스토텔레스Aristoteles 같은 그리스 철학자들은 키케로보다 수백 년 전에 우정에 관한 글을 남겼다. 키케로가 그들의 저작에 깊은 영향을 받은 것은 사실이다. 그러나 키케로는 그 선인들보다 더 나아가, 무언가를 얻을 수 있어서가 아니라 같은 영혼을 지녔기에 소중한 사람들을 찾아내고 그들과 관계를 유지하며 그들의 진가를 알아보는 방법을 이 짧은 안내서에 흥미진진하게 그려냈다.

이 책에서 가상의 배경은 기원전 129년, 연로한 로마 장군이자 연설가인 가이우스 라일리우스Gaius Laelius

와 그의 두 젊은 사위인 가이우스 판니우스^{Gaius Fannius}, 퀸투스 무키우스 스카이볼라^{Quintus Mucius Scaevola}가 정원에서 주고받은 대화다.

라일리우스는 며칠 전 가장 친한 친구인 스키피오 아프리카누스(푸블리우스 코르넬리우스 스키피오 아프리카누스^{Publius Cornelius Scipio Africanus})를 잃고 실의에 빠져 있었다. 이를 눈치챈 두 젊은이는 라일리우스에게 스키피오와 함께 평생 동안 나눴던 진정한 우정에 대해 말해달라고 간청했다. 라일리우스는 처음에는 몇 번 거절했지만 곧 이야기를 시작한다.

키케로는 수십 년 후에 스카이볼라가 그날 라일리우스에게 들은 내용을 자신에게 들려주었다고 말한다. 그 당시 키케로는 원로 정치인이자 뛰어난 변호사였던 스카이볼라 밑에서 공부하는 청년이었다. 이때 키케로는 자신의 친구 아티쿠스와 수백 세기 동안 이 책을 읽게 될 모든 독자를 위해 우정의 본질에 관한 라일리우스(사실상 키케로 자신)의 이야기를 기록한다.

『우정에 관하여』에는 시대를 뛰어넘는 우정에 관한 충고가 가득하다. 그 가운데 핵심 내용은 다음과 같다.

1. 우정에는 다양한 종류가 있다

키케로는 우리가 친구라고 부르는 직장동료나 이웃 또는 어쩌다 알게 된 지인 등 살면서 좋은 사람들을 많이 만나게 된다는 사실을 인정한다. 하지만 그는 이런 유용하고 흔한 우정과 더 깊은 관계를 맺는 몇 안 되는 친구들과 나누는 우정 사이에는 중요한 차이가 있다고 말한다. 특별한 우정은 오랜 시간을 들여 헌신해야 하기 때문에 드물다. 하지만 이런 친구들이야말로 우리 삶을 깊이 변화시킨다. 우리가 그 친구들을 변화시키듯 말이다.

2. 선한 사람만이 진정한 친구가 될 수 있다

도덕성이 형편없는 사람들도 친구를 만들 수는 있

다. 하지만 진정한 우정에는 신뢰와 지혜, 기본적인 선량함이 필요하기 때문에 그들은 효용성을 위한 친구 정도만 될 수 있다. 폭군이나 악당들은 선한 사람들을 이용하듯 서로를 이용할 수는 있겠지만 평생 진정한 우정을 찾을 수는 없다.

3. 친구는 신중하게 골라야 한다

어떤 사람이 나중에 내가 생각했던 사람이 아닌 것으로 밝혀지면 그 끝이 매우 지저분하고 고통스러울 수 있다. 이런 이유 하나만으로도 우리는 우정을 만들어가는 일에 신중해야만 한다. 시간을 두고 천천히 진행해야 하고 진정한 우정에 필요한 자기 헌신을 다하기 이전에 그 사람의 마음 깊은 곳에 무엇이 자리 잡고 있는지를 알아내야 한다.

4. 우정은 당신을 더 나은 사람으로 만든다

고독 속에서 혼자서 잘 지낼 수 있는 사람은 없다.

우리는 홀로 남겨지면 정체되어 자신을 있는 그대로 볼 수 없게 된다. 진정한 친구는 당신이 지닌 잠재력을 알아보기 때문에 당신이 더 좋은 사람이 될 수 있도록 도전하게 만든다.

5. 새로운 친구를 사귀되 오래된 우정도 지켜라

처음부터 당신과 함께 있었던 사람보다 더 멋진 친구는 없다. 하지만 어렸을 때 사귄 친구들에 자신을 가둬두지 말라. 그들과의 우정은 이제 더 이상 함께 공유하지 않는 관심사를 바탕으로 하고 있을 수도 있다. 나이가 어린 사람들을 비롯해 새로운 사람과 우정을 만드는 데 항상 마음을 열어두어야 한다. 당신과 새 친구들 모두 그 우정으로 더욱 풍성해질 것이다.

6. 친구는 서로에게 솔직해야 한다

친구라면 언제나 당신이 듣고 싶은 말이 아니라 당신이 들어야 하는 말을 해줄 것이다. 세상에는 각자의 목적을 위해 아첨하는 사람들이 많지만, 진정한 친구(또는 적)만이 당신이 분노할 상황을 감수하면서까지 진실을 말해줄 것이다. 좋은 사람이 되고 싶다면 그런 친구들의 말에 귀를 기울이고 그들이 반드시 해야만 하는 말을 기꺼이 받아들여야 한다.

7. 우정의 보상은 우정 그 자체다

키케로는 우정에 실용적인 장점(충고, 교제, 어려운 시기의 지원 등)이 있음을 인정한다. 하지만 진정한 우정은 비즈니스 관계가 아니다. 보답을 원하지 않으며 점수를 매기지도 않는다.

8. 친구는 친구에게 잘못된 일을 부탁하지 않는다

친구는 친구를 위해 위험을 얼마든지 감수하지만 영광을 가로채지 않는다. 한 친구가 당신에게 거짓말을 해달라거나 사기를 쳐달라거나 무언가 수치스러운 일을 부탁하거든 그 사람이 당신이 생각하던 그 사람이 맞는지 신중히 생각해봐야 한다. 우정은 선을 바탕으로 하기 때문에 악이 있다고 예상될 때는 존재할 수 없다.

9. 우정은 시간이 흐르면 변할 수 있다

어릴 때 맺은 우정은 나이가 들면 전과 같지 않을 것이며 같아서도 안 된다. 우리 모두의 삶은 시간이 흐르면서 변하지만 과거에 우리로 하여금 친구가 될 수 있게 했던 핵심 가치와 특징들은 세월이 시험해도 살아남을 것이다. 최고의 우정은 좋은 와인처럼 세월과 함께 더욱 깊어진다.

10. 친구가 없으면 삶은 살아갈 가치가 없다

그렇게 생각하지 않는다면 키케로의 말을 떠올려보라. "신이 너희를 저 멀리, 좋은 환경에 기대할 수 있을 법한 모든 물질적 풍요로움이 주어진 곳으로 옮겨주지만 사람을 찾게 될 가능성은 없애버렸다고 생각해보라. 그런 삶을 견디기란 무쇠처럼 딱딱하지 않겠는가? 철저히 혼자인 당신이 기쁨과 즐거움을 느낄 수 있겠는가?”

우정에 관한 키케로의 이 작은 책은 성 아우구스티누스Saint Augustinus(아우렐리우스 아우구스티누스Aurelius Augustinus)부터 이탈리아 시인 알리기에리 단테Alighieri Dante와 그밖에 키케로 이후 시대의 작가들에게 엄청난 영향을 미쳤다.

이 책은 영어로 번역, 출판된 최초의 책 가운데 하나이기도 하면서 오늘날에도 여전히 매우 소중한 책이다. 기술의 시대인 오늘날 깊고 오래 지속되는 우정에 관한 신념을 위협하는 끝없는 자기중심의 사회에 키케로가 들려주는 이야기는 그 어느 때보다 우리에게 깊은 깨달음을 남긴다.

헌사

나의 친구 아티쿠스에게

1

퀸투스 무키우스 스카이볼라[1] 복점관[2]은 자신의 장인 가이우스 라일리우스[3]에 대한 기억을 떠올리며 행복하게 이야기하곤 했다. 그는 조금도 망설이지 않고 장인을 '현자'라고 불렀다.

내가 성인용 토가를 입게 되었을 때[4] 아버지가 나를 스카이볼라에게 데려갔으며, 나는 가능한 한 그리고 허용되는 한 그 어른 곁에 머물렀다. 그의 현명한 판단을 배우고 이익을 얻고 싶은 마음이 간절해서 나는 그의 조예 깊은 담화뿐 아니라 짧지만 유익한 말씀까지 애써 기억했다.

그가 세상을 떠난 후 나는 그의 사촌인 스카이볼라 (퀸투스 무키우스 스카이볼라)[5] 대신관[6]을 따르게 되었다.

감히 말하건대 그는 어떤 로마인보다 고결하고 능력 있는 사람이었다. 그에 대해서는 다음에 이야기하기로 하고 지금은 복점관 스카이볼라 이야기로 돌아가고자 한다.

2

복점관 스카이볼라가 해주었던 많은 이야기를 기억하지만 특별히 대화 한 토막이 마음에 남아 있다. 그날 그는 평소처럼 집에 있는 반원 모양 정원의 벤치에 앉아 있었다. 나도 그분의 가장 가까운 친구 몇몇과 함께 그 자리에 있었는데, 그때 그가 모두의 입에 오르내리던 주제에 대한 이야기를 꺼냈다.

아티쿠스(티투스 폼포니우스 아티쿠스Titus Pomponius Atticus),**7** 자네는 푸블리우스 술피키우스Publius Suplicius(푸블리우스 술피키우스 루푸스Publius Suplicius Rufus)**8**와 각별한 사이였으니, 그가 호민관**9**일 당시 집정관**10**이던 퀸투스 폼페이우스(퀸투스 폼페이우스 루푸스Quintus Pompeius Rufus)를 증오해서 어떻게 관계를 청산했는지 잘 기억할 것이다. 둘은 원래 가장 친밀하고 사이좋은 친구였기에 서로 주고받았던 찬사, 그 뒤에 이어진 씁쓸한 비난에 모두가 놀랐다.

3

우리가 이 상황에 대해 논의하는 중 스카이볼라가 라일리우스와 우정에 관해 나누었던 대화를 들려주었다.

라일리우스의 또 다른 사위이자 마르쿠스 판니우스Marcus Fannius의 아들인 가이우스 판니우스Gaius Fannius[11]도 그 자리에 함께 있었으며 그 대화는 스키피오 아프리카누스(푸블리우스 코르넬리우스 스키피오 아이밀리아누스 아프리카누스Publius Cornelius Scipio Aemilianus Africanus)[12]가 죽고 나서 며칠 뒤에 나누었다고 했다.

나는 그 대화에서 중요한 내용을 외워 나만의 방식으로 이 책에 풀어놓았다. '나는 이렇게 말했다', '그는 이렇게 말했다'라고 계속 반복하는 것을 피하기 위해 전체 대화를 직접화법으로 기록했으며, 그래서 마치 눈앞에 화자가 있는 것처럼 대화가 이어질 것이다.

4

아티쿠스(티투스 폼포니우스 아티쿠스^{Titus Pomponius Atticus}), 자네는 내게 우정에 관한 이야기를 쓰라고 용기를 북돋아주었다. 나도 그 주제가 모든 사람이 고려해볼 수 있을 뿐 아니라 친구인 우리 관계에도 꽤 잘 어울린다고 생각한다. 그래서 자네의 재촉에 못 이겨 공익을 위해 이 주제를 기꺼이 다루어보려 한다.

여기서도 노년을 주제로 썼던 『노년에 관하여^{Cato the Elder}』와 같은 형식을 취했다.[13] 그 작품에서 나는 노년의 대카토(마르쿠스 포르키우스 카토^{Marcus Porcius Cato})를 주인공 삼았다. 오랫동안 어른으로 지내기도 했으며 다른 사람들보다 성공한 사람을 화자로 세우는 것이 적절해보였기 때문이다.

우리는 어른들로부터 가이우스 라일리우스와 푸블리우스 스키피오가 가장 인상 깊은 우정을 나눴다는 이야기를 들어왔으며 스카이볼라도 라일리우스가 직접 이야기하는 것을 들었다고 하니, 내 이야기에서 우정에 관한 생각을 전하는 화자로 라일리우스를 세우는 것이 적절해보였다. 나도 이유는 잘 모르겠지만 과거 인물들, 특히 명망 있는 사람들의 입을 빌려 나누는 대화에 더 위엄과 권위가 있어 보인다.

고백하자면, 노년에 관해 쓴 내 글을 읽을 때면 내가 아니라 진짜로 카토가 말하는 것 같아서 나조차도 감동받을 때가 있다.

5

『노년에 관하여』에서는 노인이 노인에게 노년에 관해 이야기하듯 썼지만 이 책에서는 친구가 소중한 친구에게 우정에 관해 이야기하는 것처럼 적었다. 그 책에서는 그 당시 카토보다 더 나이가 많거나 현명한 사람이 거의 없었기 때문에 그를 화자로 내세웠다. 이 책에서는 라일리우스가 우정에 관해 이야기하는데, 이는 모두가 이야기하듯 그가 현명하기도 하고 친구로서 그의 평판이 워낙 뛰어나기 때문이다.

그러니 잠시만 나를 저자라고 생각하지 말고 라일리우스가 자네에게 말하고 있다고 생각해주면 좋겠다.

가이우스 판니우스와 퀸투스 무키우스 스카이볼라가 아프리카누스의 죽음 이후 장인 라일리우스의 집에 찾아왔다. 그들이 이야기를 시작하자 라일리우스도 그에 응답하며 우정에 관한 대화에 몰두한다.

자네도 이 책을 읽을 때 자기 자신을 돌아보게 될 것이다.

우정에 대하여 I

진정한 친구와 함께하는 삶은 축복이다

6

판니우스: 아버님 말씀이 옳습니다. 아프리카누스
보다 더 좋은 사람도 더 뛰어난 사람도 없었습니다.
그렇지만 지금 모든 사람의 시선이 아버님께 집중되
어 있다는 것을 아셔야 합니다.

아버님은 저들이 지혜롭다고 말하며 또 그렇게 믿
고 있는 분입니다. 우리 조상들은 루키우스 아킬리우
스Lucius Acilius를 현자라고 인정했지만, 얼마 전까지만
해도 사람들은 마르쿠스 카토가 지혜롭다고 생각했
습니다. 둘 다 다른 방식으로 현명했지만 말입니다.

아킬리우스는 시민법에 능통해서였지만 카토는
다양한 분야에서 재능을 갖추었기 때문에 그렇게 불
렸습니다. 카토는 원로원 회의장이나 포럼forum에서

논쟁할 때 신중한 통찰력과 굳은 결의를 보여주었으며, 기민하게 대응했다고 합니다. 그래서 말년에는 '현자the Wise'가 실제로 그의 성이 되었습니다.[14]

7

그런데 사람들은 아버님의 지혜로움이 오히려 다른 방식으로, 천부적인 능력이나 기질뿐 아니라 배우고자 하는 열정과 지식에 있다고 말합니다. 그들은 일반 사람들이 쓰는 용어가 아닌 학자들이 말하는 용어로 아버님께 지혜가 있음을 증명합니다.

이런 종류의 지혜를 갖고 있는 그리스인은 딱 한 사람(그러한 것들을 엄격한 잣대로 조사하는 자들은 '7현인Seven Sages'이라고 불리는 자들조차 현명하다고 인정하지 않기에), 아폴로의 신탁을 받아 가장 지혜롭다고 여겨졌던 아테네인을 제외하고는 아무도 없었습니다.[15]

하지만 사람들은 아버님께서 모든 보물은 자기 안에 있으며, 인생에서 흥망보다는 옳은 일을 실행하는

것이 더 중요하다고 믿는 위대한 지혜의 소유자라고
생각합니다.

그래서 여기 있는 스카이볼라에게도 그렇겠지만,
사람들은 제게 아버님이 친구 아프리카누스의 죽음
을 어떻게 견디고 있는지를 묻습니다. 아버님이 지난
달 노네스Nones에 데키무스 브루투스(데키무스 유니우스
브루투스 칼라이쿠스Decimus Iunius Brutus Callaicus)의 시골집에서 열
렸던 복점관 관례 회의에 불참하셨던 이후로 그 질문
을 더 자주 받습니다. 아버님은 그동안 복점관으로서
모든 직무와 회의 참여에 단 한 번도 소홀하신 적이
없었기 때문에 그 자리에 참석하지 않으셨음을 모두
가 알아차렸지요.[16]

8

스카이볼라: 판니우스가 말했듯 많은 사람이 가이우스 라일리우스, 아버님에 대해 묻습니다. 그렇지만 저는 제 눈으로 직접 본 대로 아버님께서는 참으로 훌륭한 사람이었던, 가장 사랑하는 친구를 잃은 고통을 침착하게 견뎌내고 계시다고 대답합니다. 물론 사랑이 많은 사람이라면 누구든 그렇겠지만 아버님도 그의 죽음으로 깊은 슬픔을 겪고 계십니다. 노네스에 있었던 복점관 모임에 불참하신 이유는 슬픔 때문이 아니라 병환 때문이라고 일러두었습니다.

라일리우스: 네가 옳다, 스카이볼라. 네가 그들에게 전한 말 그대로다. 나는 아플 때를 제외하고는 항상 내 의무에 최선을 다해왔다. 개인적인 불편함 때문에

그 의무들을 소홀히 하지 않았다. 책임감이 조금이라도 있는 사람이라면 그런 일로 자신의 직무를 무시하지 않을 것이다.

9

판니우스, 사람들이 내게 그런 찬사를 보낸다고 말해주니 고맙다. 하지만 나는 그런 칭찬을 바라지도 않았고 받아들일 수도 없다. 너는 대카토를 그리 높게 평가하지 않는 듯하지만 그 누구도 현명하다는 소리를 들을 수 없을 때조차 대카토만은 그럴 만하다.

다른 것들은 다 차치하더라도 그가 아들의 죽음을 어떻게 견뎌냈는지를 보아라. 나는 파울루스(루키우스 아이밀리우스 파울루스 마케도니우스Licius Aemilius Paullus Macedonius)가 비슷한 상실을 경험했던 때도 기억하고 갈루스(가이우스 술피키우스 갈루스Gaius Sulpicius Galus)가 아들을 잃은 모습도 보았지만, 그 아들들은 소년일 뿐이었고 대카토의 아들은 인생의 황금기인 청년이었다.[17]

10

그러니 그 누구도, 아폴로가 가장 현명하다고 평가했던 그 사람조차도 대카토보다 훌륭하다고 치켜세우지 않도록 주의하거라. 요컨대 소크라테스는 말로써 칭송받았으나 대카토는 행위로써 칭송받았다.

이제 너희 두 사람 모두에게 해주는 이야기를 진심이라고 믿어주기 바란다. 스키피오의 죽음으로 내가 슬프지 않았다고 주장한다면 현자들은 그 말이 거짓임을 알아차릴 것이다. 다시는 얻지 못할, 적어도 이전에는 사귀어보지 못했던 그런 친구의 죽음에 내 마음이 깊이 가라앉았기 때문이다.

그렇지만 내게는 치료법이 하나 있다. 나는 대부분의 사람이 소중한 친구를 잃었을 때 겪는 그 고통스

러운 착각에서 살아남았다고 나 자신을 위로한다. 이
런 위로는 큰 힘이 된다.

너희도 알겠지만 나는 스키피오가 나쁜 일을 겪었
다고 생각하지 않는다. 손해를 본 사람이 있다면 그
건 나다. 그러니 슬픔에만 빠져 있다면 그것은 친구
를 얼마나 사랑했는지가 아니라 자기 자신을 얼마나
사랑하는지를 보여줄 뿐이다.

11

스키피오의 삶이 아주 멋지게 마무리되었다는 사
실을 누가 부정하겠는가? 당연히 그랬을 리가 없지
만, 그가 영원한 삶을 바란 것이 아니었다면 사람이
인생에서 얻고 싶어 하는 좋은 것 중에서 그가 얻지
못할 것이 있었겠는가?

그가 어릴 때 살던 동네 사람들은 이미 그가 위대
한 업적을 이룰 것이라고 기대했으며, 이미 청년 시
절에 빼어난 자질로 그런 목표를 뛰어넘었다. 그는
집정관이 되기를 바란 적이 없었는데도 두 번이나 당
선되었다. 처음 당선되었을 때는 법으로 정한 나이가
되기 전이었으며, 두 번째는 법적으로는 가능한 알맞
은 나이였지만 국가 입장에서는 너무 늦은 감이 있는

시기라 할 수 있다.

그는 우리나라에 가장 큰 위협이 되는 두 도시를 정복했으며 현재와 미래에 일어날 수도 있었던 전쟁을 미리 막았다.[18] 게다가 그의 훌륭한 태도와 어머니를 향한 효심, 누이들에게 보여준 관대함, 집안 식구를 대하는 친절함, 모든 사람을 공정하게 대한 태도까지 말할 필요가 있겠는가? 이러한 이야기는 너희도 잘 알고 있을 것이다.

모든 사람이 그를 사랑했음은 그의 장례식에 쏟아진 애도의 물결로 증명되었다. 그러니 몇 년 더 산다고 해서 그가 무엇을 얼마나 더 얻었겠는가? 노년은 부담이 될 필요는 없지만, 대카토가 세상을 떠나기 1년 전쯤 스키피오와 나와 함께 나누었던 대화에서 주장했던 것처럼, 스키피오가 마지막까지 지켰던 생기를 앗아가기는 했다.

12

이러한 이유로 그의 삶은 행운이나 영광을 더 이상 더할 필요조차 없던 삶이었다. 게다가 갑작스러운 그의 죽음은 죽어간다는 감각까지 앗아갔다. 그가 어떻게 죽었는지는 정확하게 말하기 어렵다. 사람들이 어떻게 추측하는지는 너희도 알고 있겠지.[19] 하지만 나는 스키피오가 보냈던 즐겁고 기뻤던 많은 날 중 가장 멋진 날은 그가 죽기 바로 전날이었다고 말할 것이다. 원로원이 해산되고 그는 의원들과 로마 시민들, 그를 지지했던 이탈리아인들의 호위를 받으며 집으로 향했다. 그래서인지 높은 지위에서 지하 음지로 떨어지는 것이 아니라 신들이 있는 곳으로 올라가는 것 같아 보였다.

13

요즘 몸과 영혼은 함께 소멸되며 죽음이 모든 것을 파괴한다고 주장하는 사람들의 말에 나는 동의하지 않는다.

나는 그보다 더 오래된 견해에 권위가 있다고 여긴다. 고인을 대단히 공경하며 모셨던 우리 조상들(죽은 자들이 그런 것을 신경 쓰지 않는다고 생각했다면 그들도 그렇게 하지 않았을 것이다)이나 지금은 한물갔지만 한때 번성해서 우리에게 교훈과 도의를 풍성하게 전했던 위대한 그리스라는 이탈리아 남부 사람들[20]의 생각 말이다.

또한 아폴로의 신탁에서 가장 현명한 자라고 선언한 소크라테스Socrates를 더 인정한다. 그는 거의 모든 문제에서 양쪽의 의견을 두루 살폈으면서도 인간의 영혼만은 신성하다고 주장했다. 영혼이 육체를 떠날 때 천국으로 돌아가는 길이 그 앞에 펼쳐진다고, 특히 가장 덕이 있고 정의로운 영혼에게는 가장 편한 길이 기다린다고 믿었다.

14

　스키피오도 그렇게 믿었다. 죽기 며칠 전, 그는 마치 죽음이 다가오고 있음을 아는 듯 나와 필루스(루키우스 푸리우스 필루스Lucius Furius Philus), 마닐리우스(마니우스 마닐리우스Manius Manilius) 그리고 나와 함께 갔던 스카이볼라 자네를 비롯해 그 자리에 있었던 많은 사람들과 함께 이야기를 나누었다. 그는 3일 동안 조국에 대해 이야기하더니 영혼의 불멸로 주제를 바꿔, 꿈에서 삼촌인 대아프리카누스Africanus the Elder[21]에게 들었던 이야기를 들려주었다.

　가장 훌륭한 사람의 영혼은 죽음 이후 육체의 구속과 굴레에서 가장 쉽게 벗어난다는 말이 사실이라면 스키피오보다 신들에게 더 쉽게 가닿을 수 있는 사람이 누가 있겠는가? 그래서 나는 그의 죽음을 슬퍼하는 것이 우정보다 부러움의 표현일까 봐 두렵다. 반대로 영혼과 육체가 함께 소멸되고 어떤 의식도 죽음에서 살아남을 수 없다는 말이 사실이라면 죽음에는 선한 것이 없지만 악한 것도 없다는 뜻이 된다. 감각이 사라지면 태어나지 않은 상태와 마찬가지이기 때문이다. 그러나 스키피오가 태어났다는 사실이 우리에게 기쁨이듯 우리나라가 건재하는 한 그는 국가의 기쁨일 것이다.

15

내가 이미 말했듯 스키피오에게 일어난 일들은 모두 다 잘 풀렸지만 나에게 일어난 일들은 그렇지 못했다. 내가 그보다 먼저 태어났으니 내 삶이 먼저 끝났어야 공평했을 것이다. 그러나 나는 여전히 우리의 우정을 기억하는 것이 기쁘고 스키피오와 함께 살아갈 수 있어서 축복받은 삶이었다고 믿는다.

우리는 공적인 일과 사적인 일을 모두 공유했고 같은 지붕 아래 살았으며 같은 군대에서 복무했고, 우정의 본질인 신뢰와 염원과 의견의 일치를 공유했다. 그래서 판니우스가 방금 말한 내 지혜에 대한 평판은, 나는 그런 평판을 들을 만한 자격이 없기에 그리 반갑지 않다.

오히려 나는 사람들이 내가 스키피오와 나누었던 우정을 오랫동안 기억해줄 것이라는 희망이 그보다 더 기쁘다. 이 소원이 다른 무엇보다 나를 기쁘게 하는 이유는 모든 역사를 통틀어 진정한 우정으로 기록된 예는 서너 가지밖에 없기 때문이다.[22] 스키피오와 나의 우정도 그중 하나로 후대에 알려지면 좋겠다.

우정에 대하여 II

우정에 대한 보상은 우정 그 자체다

판니우스: 아버님의 소원은 분명 이루어질 것입니다. 그런데 아버님께서 우정에 대해 언급하셨기도 하고 저희는 지금 여가를 보내고 있으니 우정에 관한 아버님의 생각, 우정이 무엇인지 그리고 어떻게 실천할 수 있는지에 대해 저와 스카이볼라에게 말씀해주시면 더없이 기쁘겠습니다. 평소 질문을 받으면 답변하시던 것처럼 말입니다.

스카이볼라: 그렇게 해주시면 저도 매우 기쁠 것 같습니다. 사실 판니우스가 말하기 전에 저도 아버님께 같은 질문을 드리려던 참이었습니다. 이 주제에 관해 아버님이 꼭 하시고 싶은 말씀을 저희가 듣게 된다면 참으로 감사할 것입니다.

　　라일리우스: 내게 가치 있는 이야기를 할 자신감이 있었다면 나는 분명 아무 거리낌도 없었을 것이다. 우정이라는 주제는 중요하며 판니우스의 말처럼 우리는 지금 처리해야 할 시급한 일도 없다.

　　하지만 내가 뭐라고 그 주제에 대해 떠들겠으며 내게 우정과 관련한 무슨 재주가 있겠느냐? 어떤 주제에 관해 준비 없이 담론하는 훈련을 받은 사람들은 철학자들, 그것도 그리스 철학자들이다. 이는 참 어려운 일이고 작은 노력으로 할 수도 없다.

　　우정이라는 주제를 깊이 탐구할 수 있는 사람을 원한다면 그런 담론에 숙련된 사람들을 찾아보라고 조언하고 싶다. 내가 말할 수 있는 것이라고는 모든 인

간사 중에서도 무엇보다 우정을 우위에 두어야 한다
는 것뿐이다. 진정한 친구와의 우정 말고는 자연과
이렇게 어우러질 수 있는 것도, 좋을 때나 나쁠 때나
우리에게 이토록 도움되는 것은 없기 때문이다.

18

단, 선한 사람들만 우정을 나눌 수 있다는 점은 너희가 반드시 알아야 한다. 그러나 지금은 오직 현자만이 선할 수 있다고 집요하게(논리적으로는 맞겠지만 실제 삶은 생각하지 않는) 주장하는 사람들처럼 이 주제를 깊게 파고들지 않을 생각이다. 우리가 그들의 말이 옳다고 인정해도, 그들이 생각하는 지혜는 그 누구도 진정으로 얻을 수 없는 자질이다. 그 대신 우리는 일상에서 얻을 수 있는 지혜를 찾아야 한다.

가이우스 파브리키우스(가이우스 파브리키우스 루스키누스Gaius Fabricius Luscinus)나 마니우스 쿠리우스(마니우스 쿠리우스 덴타투스Manius Curius Dentatus), 티베리우스 코룬카니우스Tiberius Coruncanius는 모두 우리 조상들이 지혜롭다고 평가했던 사람들이다. 하지만 이들은 지금의 기준으로 보면 현자의 수준에 올랐다고 말할 수 없을 것이다.[23] 그러니 그 불쾌하고 불가능한 수준의 지혜를 자기들끼리나 간직하라고 해라. 그들이 방금 언급한 이 로마인이 선하다고 인정해준다면 말이다. 그러나 그들은 이 말을 인정하지 않을 것이다. 자신들이 인정하는 지혜를 가진 현자들만이 선하다고 말할 것이기 때문이다.

19

그러니 우리는 속담에서도 이르듯 그저 우리의 투박한 지혜를 갖고 나아가자.

삶에서 성실과 진실, 공정, 온화함을 입증하며 행동하는 사람들, 불성실과 욕심, 폭력을 행사하지 않는 사람들, 이러한 사람들처럼 매우 강인한 사람들, 이들은 살아 있는 동안 선하다고 여겨지니 선한 사람이라고 불려야 한다고 믿자. 그들은 건전한 삶을 위한 최고의 안내자인 자연에 인간이 할 수 있는 범위에서 최대한 순응했으니 그렇게 부르자.

우리는 서로 가까워질수록 더 단단해지는 결속력을 가질 수 있도록 창조된 듯하다. 그래서 우리는 모르는 사람보다 친척을 더 좋아하고 이방인보다 동네 사람을 더 좋아한다. 이는 자연이 우정을 그렇게 만들었기 때문이다. 그러나 그렇게 좋아하는 감정은 굳건하지도 꾸준하지도 않다. 반면에 우정에는 친족 관계에서는 없어질 수도 있는 호의goodwill라는 것이 있기 때문에 친족보다 더욱 강하다. 우정에 호의가 없다면 그 우정은 사라진다. 그러나 친족 관계는 호의가 없어도 여전히 유지된다.

20

자연이 창조한 수많은 인간관계 중에서 우정은 제한적이기에 둘 또는 기껏해야 몇 사람끼리만 호감을 나눈다. 우정의 힘은 이 점에서 여실히 드러난다.

우정이란 사람들 사이에서 하늘과 땅 사이 모든 것에 대해 호의와 애정에 동의한 것이다. 나는 지혜를 제외하고는 불멸의 신이 인류에게 준 것 중에서 우정보다 더 나은 것은 없다고 믿는다.

누군가는 부를, 누군가는 건강을, 누군가는 권력이나 명예를 선호하고, 많은 사람들이 다른 무엇보다 감각적인 쾌락(인간보다는 짐승에게 더 잘 어울리는 욕망)을 추구한다. 이 모든 것들은 우리의 이성이 아닌 운명의 변덕으로 정해지는 찰나의 불확실한 목표다.

하지만 최상의 목표는 선이나 우리가 덕이라 부르는 것들이라고 믿는 사람들도 있다. 덕 자체는 우정을 만들어내고 풍성하게 하며, 우정은 덕 없이 존재할 수 없기 때문에 이러한 사람들의 생각이 옳다.

21

조금 전에 이야기했듯 우리는 덕에 대해서, 학식
있는 분들의 고고하고 거만한 방식 말고 우리가 일상
에서 말하고 행동하는 방식으로 이야기하자.

전반적으로 선하다고 여겨지고 보편적인 선의 기
준을 충족하는 파울루스, 카토, 갈루스, 스키피오, 필
루스 같은 사람들도 선한 사람들에 포함시키자. 지금
이 세상 어디서도 발견할 수 없는 사람들은 잊어버리
자.

22

우리가 계속 이야기하고 있는 선한 사람들의 우정은 내가 설명할 수 없을 정도로 유익하다.

첫 번째로, 친구 사이의 상호 호의에 기대지 않는 삶이 엔니우스(퀸투스 엔니우스Quibtus Ennius)[24]의 말처럼 어떻게 살 만한 가치가 있겠는가? 자기 자신에게 말하듯 모든 이야기를 털어놓을 수 있는 사람이 있는 것보다 기분 좋은 일이 또 있겠는가? 너희에게 좋은 일이 생겼을 때 너희 자신만큼 행복해할 사람이 없다면 인생의 좋은 시기들을 어떻게 즐길 수 있겠는가? 너희가 당한 역경의 무게를 너희보다 더 무겁게 느껴줄 사람도 없다면 그것을 혹독하게 견뎌내야 할 것이다.

우리가 삶에서 얻고자 하는 것들에는 대부분 한 가

지의 목적과 결론이 있다. 부는 소비를 위한 것이고, 권력은 영향력을 얻기 위한 것이다. 관직은 명성을 쌓기 위한 것이다. 또 감각적 쾌락은 그저 재미를 위한 것이다. 건강은 고통 없이 육체를 최대한 움직이기 위한 것이다.

그러나 우정은 수많은 목적을 만족시킨다. 어디로 방향을 틀어도 그곳에 있다. 그 어떤 문도 우정을 차단하지 못하며 우정이 어울리지 않는 시간은 없고 우정이 걸림돌이 되는 경우도 없다. 삶에 필수라고 여겨지는 물과 불만큼이나 삶의 모든 부분에 우정이 필요하다.

지금 내가 말하는 것은 평범하고 흔한 우정, 즉 가능한 한 산뜻하고 유용한 우정이 아니라 가장 친한 친구 사이에만 존재하는 순수하고 진정한 우정이다. 이런 우정은 우리의 기쁜 날들을 더욱 밝게 빛나게 하고 어려운 시절의 무게를 견딜 수 있게 돕는다.

23

우정의 이점은 매우 크고 많기에 다른 덕을 훨씬 넘어선다. 우정은 특히 미래로 희망의 빛을 비추고 우리의 정신이 비틀거리거나 넘어지지 않게 한다. 너희도 알고 있는 것처럼 진정한 친구에게서는 자신의 모습을 어느 정도 보게 된다.

친구는 함께 있지 않을 때도 여전히 함께한다. 생활에 필요한 것들이 부족하더라도 친구가 있다면 더 없이 충분하다. 그런 친구와 함께라면 약할 때도 강해진다. 조금 어려운 말이긴 하지만, 친구는 죽어서도 여전히 너희 안에 살아 있다. 진정한 친구에 관한 기억은 참으로 강하고 현실적이어서, 그들을 향한 그리움은 너무 크고 꾸준해 죽어서조차 그들은 축복이며 마음속에 살아 있다.

너희가 세상에서 호의의 유대를 끊어버린다면 집이나 도시는 무너질 것이며 들판에서는 더 이상 열매를 맺지 못할 것이다.

이 말을 이해하기 어렵다면 우정의 반대말인 분열과 불화의 결과를 생각하며 우정의 힘을 헤아려보아라. 증오와 분열이 파괴할 수 없는 안전한 집이나 굳건한 도시가 어디 있겠는가? 이러한 사실만으로도 우정의 유익함을 판단할 수 있다.

24

아그리젠토에서 온 어떤 학식 있는 사람이 아름다운 그리스 노래를 불렀다고 한다. 그 노래는 자연과 온 우주 만물은 움직이는 것이든 고정적인 것이든 모두 우정으로 뭉쳐져 있으며 다툼으로 인해 갈라진다는 내용이다.[25] 이것은 적어도 모든 사람이 이해하고 인정할 수 있는 이야기다.

어떤 사람이 친구를 위해 엄청난 일을 하거나 큰 위험을 감수할 때 극찬하지 않을 사람이 있겠는가? 내 벗이자 손님인 마르쿠스 파쿠비우스Marcus Pacuvius가 집필한 연극이 공연되는 동안 온 극장에 어찌나 큰 환호와 갈채가 터져 나오던지![26] 그 장면에서 누가 오레스테스Orestes인지, 필라데스Pylades인지도 구분하지 못하는 왕이 오레스테스에게 죽음을 명하자, 오레스테스는 자기가 죽어야 한다고 주장하고 필라데스는 친구를 구하기 위해 자신이 오레스테스라고 주장한다. 단지 연극일 뿐이었는데도 관객석에 있던 사람들은 기립하며 환호했다. 그것이 실제라면 그들이 어떻게 했을지 상상해봐라! 이때 자연은 관객들로 하여금 자신은 이룰 수 없을 정도로 진정한 우정의 행위를 인정하게 만든 것이다.

자, 이제 내가 생각하는 우정에 대해 너희에게 알려준 듯하구나. 이 주제에 관해 더 말할 것이 있다면, 상당히 많을 것 같지만, 그런 담론에 숙련된 이들을 찾아봐라.

판니우스: 저희는 아버님께 듣겠습니다. 아버님이 말씀하신 그런 사람들을 찾아가 보기도 하고 이야기를 듣기도 했습니다. 그들의 말도 기꺼이 들었지요. 그러나 아버님은 어떤 주제의 핵심에 접근하는 방법을 알고 계십니다.

스카이볼라: 판니우스, 네가 얼마 전에 스키피오의 시골집에서 국정을 논의할 때 우리와 함께 있었다면 그 점을 더 강조했을 텐데. 필루스의 겉만 번지르르한 주장에 비해 아버님은 정의에 대해 매우 깔끔하게 말씀하셨다네.

판니우스: 매우 공정하신 아버님께서 정의를 옹호하는 일은 그리 어렵지 않았을 것이라는 점에는 의심

할 여지가 없군.

스카이볼라: 그렇다면 우정에 대해서는 어떻겠는가? 아버님은 신의와 인내와 공평함을 바탕으로 우정을 지켰다는 위대한 명망을 얻으셨으니 우정에 관한 것도 아버님께는 쉬운 이야기가 아니겠는가?

라일리우스: 너희는 내가 말하게 압박하는구나! 너희가 어떤 수단을 동원하든 그리 중요하지는 않지만 어쨌든 분명 나에게 이야기하라고 강요하고 있어. 그래도 결국 선한 목적일 것이고 내 사위들의 뜻이니 거절하기 어렵구나. 어쩌면 거절하는 것도 옳지 않겠어.

우정에 대해 생각하면 할수록 우정을 얻고자 하는 열망이 단지 나의 약함과 필요 때문인지, 그래서 단순히 필요한 것을 얻기 위해 제공할 수 있는 서비스를 누군가에게 제공하면서 친절한 행위를 주고받는 것은 아닌지 고민하게 된다. 이것도 친구를 사귈 때 부정할 수 없는 부분이겠지만 나는 조금 더 깊고 아름다운 이유가, 자연이 우리에게 선사한 무언가가 있을 것이라고 생각한다.

'우정'(라틴어로 아미키티아amicitia)이라는 말은 사랑(라틴어로 아모르amor)에서 파생하는데, 호의는 사랑에서 기원하기 때문이다. 사람들은 우정이라는 이름으로 상황에 따라 이익을 얻기 위해 서로 어울리고 분명 좋은 말을 주고받기도 한다. 하지만 진실한 우정에는 거짓이나 겉치레가 없다. 진정한 우정에 속한 것은 모두 참이고 진짜다.

우정은 관계의 유용성을 계산해보는 것이 아니라, 사랑이라는 감각과 연결된 영혼의 성향에 따른 본성 그 자체에서 비롯되는 것 같다.

동물에게서도 우정이 시작되는 것을 볼 수 있다. 동물이 제 자식을 사랑하고 자식도 부모를 너무 사랑하는 그 느낌이 분명히 드러나는 바로 그때다. 이는 인간에게 더욱 명백하게 나타난다. 가장 강력한 악만이 깨뜨릴 수 있는 부모 자식 간의 사랑에서부터 성격이나 태도가 자신과 비슷한 누군가를 만나면 생겨나는 호감까지, 우리는 그런 사람에게서 선과 덕이 빛처럼 드러나는 것을 본다.

28

사람이 갖고 있는 자질 중 덕보다 더 매력적인 것은 없다. 그보다 더 누군가를 사랑하고 존경하게 만드는 것은 없기 때문이다. 우리는 전혀 만난 적이 없으면서도 선과 덕으로 명망 높은 사람들에게 애정을 느낄 수밖에 없다.

가이우스 파브리키우스나 마니우스 쿠리우스의 이야기를 떠올려보자. 그들을 한 번도 만나보지 못했다 해도 마음이 따뜻해지지 않는가? 반면에 거만한 타르퀴니우스(루키우스 타르퀴니우스 수페르부스^{Lucius Tarquinius Superbus})와 스푸리우스 카시우스 베켈리누스^{Spurius Cassius Vecellinus}, 스푸리우스 마일리우스^{Spurius Maelius}는 경멸하지 않는가? 이탈리아를 멸망시키겠다고 위협했던 위대한 장군 피로스Pyrrhos와 한니발Hannibal도 생각해보라. 피루스는 올곧은 사람이었기 때문에 그토록 미움받지는 않지만 우리 조국은 한니발의 잔혹성 때문에 그를 언제까지나 미워할 것이다.[27]

29

이제 선이 그토록 강력한 힘이어서 만나본 적도 없는 사람들, 심지어 적군에게 있는 선까지 존경하게 된다면 우리가 가까운 관계를 형성한 사람에게서 덕과 탁월함을 발견할 때 마음이 흔들릴 것이라는 사실이 과연 놀랄 만한 일인가? 게다가 그가 베푸는 친절을 받아들이고 나를 살뜰히 챙겨주는 그의 모습을 보며 함께 시간을 보내면 사랑은 더욱더 굳건해진다. 처음에는 서로 호감에 끌렸다가 이렇게 해서 두 사람 사이에 엄청난 호의가 불꽃처럼 타오른다.

이러한 감정이 나약함에서 비롯되었으며 단지 자신에게 부족한 무언가를 다른 사람에게서 얻으려는 것이라고 생각하는 이들이 있을 수 있다. 그렇다면 그들은 우정의 기원을 너무 하찮고 낮게 보는 것이다.

진정한 우정은 빈곤이나 필요의 산물일 수 없다. 그 말이 사실이려면 사람들은 가난할수록 우정을 나눌 수 있는 자격을 더 많이 갖추는 꼴이다. 그러나 이는 진리와 거리가 멀다.

30

사람이 자기 자신을 믿고 지혜와 덕으로 견고해져
서 아무에게도 기대지 않고 필요한 모든 것을 자기
자신이 소유하는 정도가 되면 우정을 추구하고 아끼
는 일을 가장 잘할 수 있다.

내 곁을 떠난 친구 아프리카누스에게 내가 필요했
는가? 전혀 아니다! 나에게도 그가 필요 없었다. 내
판단이 옳다면, 그는 내 안에서 덕을 발견하고 나를
사랑했다. 마찬가지로 나도 그에게 있는 선을 발견하
고 그를 사랑했다. 우리는 서로 더 잘 알아갈수록 더
큰 호감을 갖게 되었다. 물론 우리 우정에 실용적인
이점도 많았지만 우리의 사랑은 서로에게서 얻어낼
수 있는 것을 바탕으로 한 것이 아니었다.

31

우리는 돌려받을 친절을 바라며 친구들에게 친절하고 넉넉하게 대하지 않는다. 내가 베푸는 친절에 이자를 더할 만큼 우리는 쩨쩨한 사람이 아니다.

우리가 친절한 마음을 갖고 있는 이유는 무언가를 되돌려 받기 위해서가 아니라 그것이 옳고 자연스러운 일이기 때문이다. 우정의 보상은 우정 그 자체다.

32

쾌락을 얼마나 얻을 수 있는지의 관점에서 모든 것을 판단하는 짐승 같은 사람들은 분명 동의하지 않을 것이다. 놀랍지도 않다. 그렇게 저속한 수준까지 정신이 타락한 사람들은 고개를 들어 고귀하고 숭고하며 신적인 것을 바라보는 것이 불가능하다. 지금 그런 사람들에 대해 이야기하느라 진을 빼지 말자. 그 대신 우리가 선하다고 판단하는 사람들을 향한 사랑과 호감은 본성에서 샘솟는다는 사실을 믿어야 한다.

두 사람이 선을 열망할 때, 서로에게서 그 선을 찾으려고 더욱 가까워지기 때문에 그들은 사랑하는 사람의 성격을 좋아하고 그와 함께하는 것을 즐길 수 있게 된다. 서로에게 선한 일을 하기 위해 노력하면서 자신이 되돌려받는 것보다 상대에게 점점 더 좋은 일을 하려고 한다. 이 얼마나 영예로운 경쟁인가!

이렇게 우정은 자신의 부족한 부분에 필요한 무언가를 얻을 수 있어서가 아니라 본성에서 비롯되는 관계이기 때문에 유익하다. 우정이 단순히 누군가에게서 얻는 이득으로 인해 생긴다고 생각한다면 상대가 내게 줄 것이 없을 때 그 우정은 끝날 것이다. 그러나 본성은 바뀔 수 없으므로 진정한 우정은 영원히 지속된다.

이것이 내가 생각하는 우정의 기원이다. 계속 이어가기 전에 말하고 싶은 것이 있느냐?

판니우스: 계속해주십시오, 아버님. 여기 있는 동서도 같은 생각일 것이라고 믿습니다.

33

스카이볼라: 맞습니다. 저희는 더 듣고 싶습니다.

라일리우스: 그렇다면 스키피오와 내가 우정에 관해 자주 나누었던 이야기를 들려주겠다. 그는 두 사람의 삶이 끝날 때까지 친구로 남아 있는 것보다 더 어려운 일은 없다고 말하곤 했다. 어떤 식으로든 생활 방식이 달라지면서 우정이 끝나거나, 흔히 일어나는 일처럼 정치적 견해가 맞지 않아 관계가 틀어지거나 아니면 단순히 나이가 들면서 관계에 대한 부담이 커지거나, 역경이 생겨서 사이가 멀어지기도 한다.

그는 우리가 소년 시절 가장 사랑하던 것들을 정리하고 성인용 토가를 입으면서 일어나는 변화에 우정을 비유하곤 했다.

34

우정이 청년 시절까지 살아남을 수 있다고 해도 두 사람이 함께 가질 수 없는 한 여인이나 어떤 이익을 쟁취하려는 경쟁 때문에 사이가 갈라질 여지가 있다. 우정이 인생의 황금기까지 지속될 수 있다고 해도 같은 정치적 자리를 놓고 경쟁하다가 무너질 수도 있다. 일반 사람들의 우정은 대부분 돈 욕심 때문에 깨지지만 그보다 계급이 높은 사람들의 우정은 명예나 찬사를 얻으려고 싸우다가 끝나기도 한다. 그러다가 최고의 친구가 최악의 적이 되기도 한다.

35

친구 사이에도 한 사람이 다른 사람에게 옳지 못한
일을 부탁한다면, 예를 들어 치욕스러운 성 접대 자
리를 주선해달라고 하거나 폭행에 가담하게 하는 경
우 정당하고 심각한 분열이 생길 수 있다. 그런 부탁
을 거절하는 친구는 스스로 명예롭게 행동하는 것이
겠지만, 부탁을 거절당한 사람은 그를 우정의 법을
위반했다며 비난할 것이다. 무엇보다 그런 요구를 하
는 사람들은 자신은 친구를 위해 무엇이든 기꺼이 할
것임을 드러낸다.

하지만 그런 일들을 반복해서 요구하면 우정을 깨
뜨릴 뿐 아니라 한때 친구였던 사람을 평생 증오하게
될 수도 있다. 그런 위험이 마치 무시무시한 운명의

여신처럼 우정 주위를 맴돌고 있기 때문에 거기서 빠져나오려면 지혜와 행운이 필요하다고 말하곤 했다.

36

　너희만 괜찮다면 우정에 어느 정도록 헌신해야 하는지부터 생각해보자.

　만약 코리올라누스(가이우스 마르키우스 코리올라누스 Gnaeus (or Gaius) Marcius Coriolanus)에게 친구가 있었다면 그와 함께 조국에 맞서 무기를 들었어야 하지 않겠는가?[28] 베켈리누스나 마일리우스의 친구들은 공화국을 정복하고 로마의 왕이 되려는 그들의 시도를 도왔어야 하지 않겠는가?

37

티베리우스 그라쿠스(티베리우스 셈프로니우스 그라쿠스 Tiberius Sempronius Gracchus)가 혁명을 일으키자 퀸투스 투베로 (퀸투스 아일리우스 투베로Quintus Aelius Tubero)와 다른 친구들로 부터 버림받는 모습을 우리는 보았다.

그런데 쿠마이 출신의 가이우스 블로시우스Gaius Blossius(스카이볼라, 네 가족의 귀빈이기도 하지)는 그라쿠스가 체포된 이후 내가 집정관 라이나스(푸블리우스 포필리우 스 라이나스Publius Popillius Laenas)와 루필리우스(푸블리우스 루필 리우스Publius Rupilius)와 만나고 있을 때 나를 찾아와서 자 신을 너그럽게 봐달라고 탄원했다. 그라쿠스를 너무 존경했기 때문에 그의 어떤 명령에도 따르는 것이 자 기 임무였다고 말이다.[29] 나는 그에게 물었다. "그라쿠스가 유피테르 신전이 있는 카피톨리움에 불을 지르라고 하면 어떻게 했을 텐가?" 그는 이렇게 대답했다. "그라쿠스는 제게 그런 일을 절대 명령하지 않겠지만, 만약 그랬다면 저는 불을 질렀을 것입니다."

이것이 얼마나 사악한 대답인지 알겠느냐? 실제로 그는 말한 대로 행했고 그보다 더한 일도 했다! 그는 무작정 그라쿠스를 따랐던 것이 아니라 그를 능가하는 광기의 지도자가 되었다. 그는 자기 열정에 미쳐 날뛰다가 특별 조사 재판이 시작되자 위협을 느끼고 아시아로 도망갔다. 거기서 적과 손을 잡았다가 우리 조국에 맞선 죄에 대해 무겁고 정당한 대가를 치렀다.

잘못된 일을 하는 것은 아무리 친구를 위한 것이었다 해도 절대 정당화되지 않는다. 우정은 덕을 토대로 만들어진다는 사실을 기억해라. 만약 친구가 너희에게 악한 일을 하게 한다면 그 우정은 지속하기 어렵다.

38

우리가 친구를 위해 그가 원하는 일은 무엇이든 하는 것, 그리고 내가 원하는 것은 무엇이든 친구에게서 얻어내야 한다고 판단한다면, 이는 우리가 완전히 지혜롭다고 가정해야만 해가 되지 않을 것이다.

그러나 지금 우리는 직접 보거나 알고 있는 친구, 이상세계 어딘가가 아니라 실제 삶에 존재하는 친구에 관해 이야기하고 있다. 그러니 우리가 모범으로 삼아야 하는 사람들은 이러한 실제 사람들, 특히 진정한 지혜에 가장 가까운 지혜를 갖고 있는 사람들이다.

39

선조들의 글에서 읽어본 것처럼 아이밀리우스 파푸스(루키우스 아이밀리우스 파푸스Lucius Aemilius Papus)는 가이우스 파브리키우스 루스키누스의 친한 친구였다. 그들은 두 번이나 함께 집정관을 지냈고 같이 감찰관으로 일하기도 했다. 마니우스 쿠리우스 덴타투스와 티베리우스 코룬카니우스도 그들과 친구였다는 사실 또한 익히 알고 있다.

이들 중 어느 누구도 친구를 위해서 서약을 깨면서까지 불의한 일을 하거나 조국에 해악을 끼칠 것이라고 생각할 수 없다. 이런 사람들이라면 누군가에게 그런 요청을 받더라도 수락하지 않았을 것이라는 사실을 굳이 귀찮게 지적할 필요도 없다. 고매한 사람들은 그런 요청을 하는 것만큼이나 수락하는 것도 잘못이라 생각한다. 그러나 가이우스 파피리우스 카르보와 가이우스 카토(가이우스 포르키우스 카토 Gaius Porcius Cato)는 형제 가이우스 블로시우스처럼 처음에는 주저했지만 결국 열정을 다해 티베리우스 그라쿠스를 따랐다.[30]

40

그러므로 이것을 우정의 법칙으로 삼아라. 친구에게 부끄러운 일을 부탁하지 말고 부탁받아도 들어주지 말라. 우정 때문에 부끄러운 일을 하는 것이 불명예스럽듯 친구를 위해 조국에 피해를 끼쳤다는 말도 용납할 수 없다.

우리는 조국을 위협하는 요소들을 특히 조심해야 하는 시대에 살고 있다. 우리는 선조들이 닦아놓은 길에서 멀리 벗어나 방황하고 있기 때문이다.

41

　티베리우스 그라쿠스는 자기가 왕이 되어 조국을 통치하려 했고, 몇 달 동안 실제로 지배했다고 말할 수도 있다. 로마인들은 이전에는 이런 일을 듣지도 보지도 못했다. 그라쿠스가 죽은 후에도 그를 계속 신봉했던 친구와 친척들이 푸블리우스 스키피오에게 한 짓은 눈물 없이 말할 수 없다. 티베리우스 그라쿠스가 처형당한 지 얼마 되지 않았기 때문에 우리는 최대한으로 카르보의 언행을 참고 견뎌주었다. 가이우스 그라쿠스(가이우스 셈프로니우스 그라쿠스 Gaius Sempronius Gracchus)가 호민관이 되면 일어날 수 있는 일들은 미리 생각하고 싶지도 않다.

　요즘 매일 문제가 일어나고 있는데, 언젠가 가속도

가 붙으면 파멸로 치닫게 될 것이다. 투표권 문제가 어떻게 재앙이 되었는지 너희도 가비니우스법^{Gabinian law}과 그로부터 2년 후에 제정된 카시우스법^{Cassian law}을 통해 알고 있겠지.[31] 이런 일들이 내게는 사람들이 원로원과 조화를 이루지 못하고 국가의 가장 중요한 일들을 군중의 변덕으로 결정하는 것처럼 보인다. 앞으로 더 많은 사람들이 문제를 해결하는 방법이 아니라 일으키는 방법을 배우게 될 것이다.

42

내가 이런 말을 왜 하겠느냐? 공범이 없다면 아무도 그런 끔찍한 일을 시도하지 않는다. 그러므로 선한 사람이 어쩌다 보니 그런 사람과 어울리게 되었음을 깨달으면 조국을 배신하게 될 정도로 그 우정에 얽매이지 말아야 한다는 점을 반드시 기억해야 한다. 반역자는 당연히 처형당해야 하며 그들을 따랐던 악한 추종자들 역시 처벌받아야 한다.

그리스에서 테미스토클레스^{Themistocles} 보다 유명하고 강인한 사람이 있었을까? 그는 페르시아와 전쟁을 하던 도중 정복당하는 위기에서 그리스를 구했지만 인기가 떨어지자 국외로 추방당했다. 그는 자신의 은혜를 모르는 나라의 부당한 대우조차도 기꺼이 견려야 한다는 사실을 자신의 소임이라 여기지 못했다. 그래서 코리올라누스가 20년 전에 우리 조국에 했던 일을 똑같이 반복했다. 조국에 맞서 싸우는 이들을 도우려는 사람은 아무도 없었고 결국 두 사람 모두 자살하고 말았다.[32]

43

그러니 이렇게 사악한 음모를 꾸민 행위를 변명하기 위해 친구의 간청을 들먹이면 절대로 안 된다. 그들도 법정 최고 형량으로 처벌해서 친구를 도와 국가에 대항한 음모(지금도 계속 벌어지는 일이므로 미래에 또 발생한다 해도 놀랍지 않을 것이다)를 용서받을 수 있을 것이라고 생각지 못하게 해야 한다고 믿는다. 무엇보다 나는 현재 상황만큼이나 내가 죽은 다음 맞게 될 조국의 운명이 걱정스럽다.

44

그러므로 내가 말했듯 이것을 우정의 제1법칙으로
정해라. 친구에게서는 명예로운 것만 구하고 친구를
위해서는 정의로운 일만 행해야 한다. 그러나 정의로
운 행동은 부탁받을 때까지 기다리지 말아라. 언제나
열정을 보이되 주저하지는 말라. 솔직한 조언은 자유
롭게 하라. 친구 사이인 지혜로운 동반자의 충고는
언제나 귀를 기울여 들어라.

진정한 친구는 서로에게 솔직할 뿐 아니라 필요하
다면 단호하게 믿을 만한 조언을 주고받는다. 그리고
이러한 조언은 반드시 마음에 새겨야 한다.

45

요즘 지혜롭다는 그리스인들이 내가 듣기에 너무도 놀라운 이야기를 하더구나(그들에게 너무 난해한 논쟁이란 없지!). 그들 중 어떤 이들은 친구를 너무 많이 사귀지 말아야 걱정의 짐을 지지 않는다고 한다. 다른 사람의 문제까지 짊어지지 않아도 자기만의 근심으로도 충분히 버겁다고, 우정의 끈이 느슨해야 적당할 때 바짝 잡아당기거나 그대로 느슨한 채로 둘 수 있다고 한다.

그들 생각에 행복한 삶에서 가장 중요한 것은 걱정으로부터 해방되는 것이다. 다시 말해 한 사람이 여러 사람의 문제를 짊어져서 힘들어하면 영혼이 행복할 수 없다는 것이다.

46

그들보다 더 비인간적인 사람들은 내가 전에 짧게 말했던 것처럼 더 심각한 주장을 한다. 그들은 호의나 진정한 애정이 아니라 도움이나 방어 수단을 얻기 위해 우정을 만들어야 한다고 말한다. 이러한 사고방식에 따르면 안정감이나 능력이 가장 모자란 사람이 가장 열심히 우정을 만들려고 할 것이다. 그래서 남자보다 여자가, 부자보다 가난한 자가, 행복한 사람보다 불행한 사람이 우정을 찾아 나선다.

47

아주 훌륭하신 지혜로구나! 삶에서 우정을 지워버리듯 하늘에서 해도 훔치겠구나!

우리가 신에게 받은 것 중에서 우정보다 더 즐겁고 좋은 것은 없다. 그들이 바라 마지않는 '걱정으로부터의 해방'이 무엇인가? 처음 보면 매력적인 것 같지만 사실 피해야 하는 대상이다. 불안에서 해방되기 위해 이미 시작한 명예로운 일이나 행동을 피하거나 그만둔다는 것은 말이 안 된다. 걱정을 피한다면 덕행 또한 피하는 것이다. 덕행과 반대되는 것을 거부하기 위해서는 걱정도 어느 정도 필요하기 때문이다.

선은 악을 멀리하기를, 자제력은 욕망에서 벗어나기를, 용기는 비겁함에서 탈출하기를 열망한다! 그래서 불의 때문에 가장 많이 고통받는 것은 정의로운 사람이고, 비겁함 때문에 가장 많이 고통받는 사람은 용감한 사람이다. 지나침 때문에 가장 많이 고통받는 사람은 중도를 지키는 사람이다. 선한 일에 기뻐하고 악한 일에 슬퍼하는 것은 건전한 정신의 특징이다.

48

그러니 지혜로운 사람은 자주 고통을 겪게 될 것이다(우리 마음에서 모든 인간적인 감정을 몰아내지 않는 이상 모두가 고통을 겪게 될 것이다). 우리는 도대체 왜 고통을 피하기 위해 삶에서 우정을 지워내야 하는가? 감정을 없애버린다면 인간과 짐승은 말할 것도 없고 살아 있는 사람과 나무줄기, 바위 같은 무생물 사이에 무슨 차이가 있겠는가?

덕이란 쇠처럼 단단하고 딱딱한 것이라고 주장하는 사람들의 말은 들을 가치도 없다. 삶의 많은 측면에서, 특히 우정에서 덕은 구부러지고 휘어질 수 있기 때문에 좋을 때나 나쁠 때나 친구의 필요에 따라 모양이 달라진다. 친구를 위한 걱정은 받아들여야 하는 것이지, 삶에서 우정을 지워버려야 하는 이유가 될 수 없다. 이는 덕스러운 삶이 걱정과 괴로움을 가져올 수도 있으니 덕스러운 삶을 살지 않겠다고 거부하는 것과 다를 바 없다.

내가 전에도 말했듯 덕은 우정과 함께 묶여 있다. 따라서 한 사람이 반짝이는 선한 일을 하고 이를 다른 이가 받아들여서 되돌려준다면 두 친구 사이에 진정한 애정이 반드시 생겨날 것이다.

49

공허한 것들, 예를 들어 명예, 영광, 건물, 옷, 신체 기능 향상 등에서는 기쁨을 얻으면서 사랑을 주고받을 수 있는 덕스러운 마음에서 기쁨을 얻지 못한다면 이보다 더 어리석은 일이 어디 있겠는가? 친구 사이에 서로 돕고 친절을 베푸는 것보다 더 큰 기쁨을 주는 것은 없다.

50

한 가지 더 덧붙여보자면, 우정에서 느끼는 감정의 유사성만큼이나 서로를 끌어당기는 경우는 없지 않은가? 선한 사람은 마치 자연이 그들 사이에 연대감을 만들어놓은 듯 다른 선한 사람에게 호감을 느끼고 그들을 찾아 나선다. 비슷한 것을 추구하는 본성보다 더 열렬하고 절실한 것은 없기 때문이다. 그래서 나는 분명 선한 사람은 선한 사람에게 필연적으로 호감을 갖는다고 생각한다. 자연이 이를 우정의 근원으로 정했기 때문이다.

그런데 이 선이라는 특성이 모든 사람에게 있다는 점을 분명히 짚어야 한다. 덕은 비인간적이거나 배타적이거나 거만한 것이 아니라, 모든 나라를 보호하고

그 나라들의 행복을 돌보는 힘이다. 이는 덕이 평범한
사람들의 애정을 외면한다면 결코 할 수 없는 일이다.

우정의 기초가 이익이라고 말하는 자들은 우정에서 가장 소중한 유대감을 파괴할 수 있다. 우리에게 기쁨을 주는 것은 친구에게서 얻는 이익이 아니라 친구의 사랑 그 자체다.

친구에게서 얻는 실용적인 이익은 자유롭고 즐겁게 주어질 때만 좋은 것이다. 진정한 우정은 필요에 따라 만들어진다는 말은 전혀 사실이 아니다. 가장 착하고 관대한 사람은 사실 다른 사람의 도움이 거의 필요 없는 사람, 즉 부와 권력 그리고 특히 사람이 지닐 수 있는 가장 최고의 방패인 덕을 충분히 갖춘 사람이다.

그러나 이 말이 친구끼리 필요를 채우면 절대로 안

된다는 말로 이어지는 것은 아니다. 스키피오가 고향에 있든 떠나 있든 내 조언과 도움이 전혀 필요 없었다면 그를 향한 내 헌신을 어떻게 보여줄 수 있었겠는가? 요컨대 우정은 이익 때문에 생기는 것은 아니지만 우정에서는 이익이 생긴다.

따라서 우리는 쾌락만 좇는 자들이 우정에 관해 이야기할 때 귀담아듣지 않을 것이다. 그들은 이론으로도, 실제로도 우정을 이해하지 못하기 때문이다.

세상의 모든 부귀영화에 둘러싸여 삶의 풍요를 누리면서도 그 누구와도 사랑을 주고받고 싶어하지 않는 사람이 도대체 어디 있겠는가? 이는 분명 폭군의 삶, 신뢰와 애정과 친절을 주고받을 것이라고 기대할 수 없는 삶이다. 걱정과 의심이 있는 곳에는 우정을 위한 자리가 없다.

53

두려운 사람이나 두렵게 하는 사람을 어떻게 사랑할 수 있겠는가? 폭군들은 사랑받는 것처럼 보이지만 그것도 한때다. 권력에서 떨어져 나가면 거의 그렇듯 그들에게 친구가 얼마나 없는지 드러난다. 로마의 마지막 왕인 타르퀴니우스는 추방당하면서, 더 이상 누구에게도 보상해줄 수 없게 된 다음에야 누가 진짜 믿을 수 있는 친구인지를 알게 되었다고 고백했다고 한다.

54

　사실 나는 타르퀴니우스가 그렇게 거만하고 잔혹
했음에도 친구가 있었다는 사실에 놀랐다. 그가 성격
때문에 진정한 친구를 사귀지 못한 것처럼, 부와 권
력 때문에 충직한 우정을 쌓지 못할 때가 많다. 운명
의 여신은 자기 눈만 멀게 하는 것이 아니라 자기가
사랑하는 이들의 눈까지 멀게 한다. 그들은 자신의
고집과 자만심에 사로잡힌다. 그렇게 운 좋은 바보보
다 더 참을 수 없는 것은 없다. 원래는 우아하고 친절
했지만 지위와 권력과 부를 얻자 오래된 친구를 버리
고 새로운 친구들만 챙기는 사람들도 있다.

부와 기술, 자원이 풍부한 사람이 말, 노예, 좋은 옷, 비싼 식기 등은 전부 가지려 하면서 친구를 얻으려 하지 않는다면 그것보다 더 어리석은 일이 있겠는가? 친구는 삶에서 가장 귀하고 아름다운 보석이다.

그런 사람들은 물건은 전부 사들이면서 그게 누구의 것이 될지, 누구의 이익을 위해 그렇게 열심히 일하는지 제대로 알지 못한다. 그 물건들은 결국 가장 강한 자의 손에 들어가기 때문이다. 그러나 친구는 가장 안전하고 확실하게 가질 수 있다. 운명의 여신이 줄 수 있는 모든 부를 지니고 있다고 해도 우정의 기쁨이 없다면 공허하고 불행한 삶이다. 이 점에 관해서는 이제 충분히 이야기했다.

지금부터는 우정의 한계, 즉 우정의 경계선에 대해 생각해보자. 이 주제에 관해서는 세 가지 견해가 있지만, 나는 어느 것에도 동의하지 않는다.

첫째는 자기 자신을 생각하는 것과 똑같이 친구를 대해야 한다는 것이다. 둘째는 친구에게 베푸는 나의 호의가 나에게 베푸는 친구의 호의와 똑같아야 한다는 것이다. 셋째는 자기 스스로에게 부여하는 가치와 친구가 자신에게 부여해주는 가치가 똑같아야 한다는 것이다.

내 생각에 이 세 가지 견해는 모두 옳지 않다.

첫 번째 견해인 '우리가 자기 자신을 생각하는 것과 똑같이 친구를 대해야 한다'는 틀림없이 거짓이다. 우리가 자기 자신에게 절대 하지 않는 행동을 친구에게 얼마나 많이 하는지를 생각해보라! 친구를 위해 비열한 사람에게 매달려 도와달라고 간청하기도 하고, 누군가와 꽤 심하게 큰소리로 싸우거나 맞서기도 할 것이다. 자기 자신을 위해 이런 행동을 하는 것은 명예롭지 않겠지만 친구를 위해서는 가장 명예로운 행동일 수 있다. 선한 사람은 불이익을 당하더라도 자기에게 필요한 것과 자기가 원하는 것을 포기해 자신보다는 친구들이 즐길 수 있게 할 것이다.

두 번째 견해는 행동과 감정을 동등하게 교환하는 것으로 우정을 제한한다. 이는 우정을 신용과 빚이라는 인색하고 꼼꼼한 계산으로 축소시킨다. 진정한 우정은 그보다 더 풍부하고 풍요로운 것이다. 받은 것보다 더 주지 않았는지 장부를 확인하지도 않는다. 자신이 베푸는 친절이 쓸모없거나 너무 많아서 넘쳐버릴까 봐, 돌려받을 것보다 더 많이 주는 것일까 봐 두려워하지도 않는다.

세 번째 견해인 '자기 스스로에게 부여하는 가치와 친구가 자신에게 부여하는 가치가 똑같아야 한다'야말로 최악이다. 친구의 정신이 약해질 때도 있고, 상황이 더 좋아질 것이라는 믿음이 친구에게는 거의 없을 수도 있기 때문이다. 이러한 경우 자신에게 적용하는 평가 기준을 상대에게 똑같이 적용하는 것이 아니라, 친구의 정신을 가다듬기 위해 힘쓰고 더 나아질 수 있다는 희망을 갖고 계획을 세울 수 있도록 그를 이끌어주는 것이 친구라는 증거다.

그러므로 우리는 우정의 한계를 설명할 수 있는 더 나은 방법을 찾아야 한다. 그 전에 스키피오가 맹렬히 비난했던 신념에 대해 먼저 이야기하고 싶다. 그는 우리가 언젠가는 친구를 미워하게 될 수도 있다고 생각하며 친구를 사랑해야 한다는 말보다 우정에 반하는 교훈은 없다고 말했다.

스키피오는 많은 사람이 믿고 있듯 7현인 중 한 명인 프리에네의 비아스^{Bias of Priene}가 이 말을 했다고는 믿을 수 없다고 했다. 그는 교활하고 형편없고 아주 이기적인 사람이 이런 말을 했을 거라 생각했다고 한다. 친구가 적이 될지도 모른다고 생각하면 어떻게 누구와 친구가 될 수 있겠는가? 그런 경우 친구일지도 모르는 그 사람이 자주 실수해서, 그 실수들이 언젠가 그가 적이 되었을 때 그를 공격할 무기가 되기를 염원해야 할 것이다. 이 친구가 옳은 일을 할 때는 화가 나고 짜증이 치밀고 원통할 것이다.

60

그러므로 이 격언이 누가 한 말이든 우정을 무너뜨리는 효과가 있다. 우정을 쌓을 때 조심해서 언젠가 미워하게 될지도 모르는 사람을 애초에 사랑하지 않는 것이 더 나은 방법이다. 스키피오는 만약 친구를 잘못 선택했더라도 그와 적이 될 기회를 노리지 말고 그의 곁을 지켜야 한다고 했다.

61

우정에서 지켜야 하는 경계선은 다음과 같다고 생각한다.

두 친구의 성격에 기본적으로 결함이 없다면 두 사람은 모든 행동과 계획과 소망을 함께 공유해야 한다. 그러나 어쩌다가 한 친구가 자신의 삶이나 평판에 관련된 문제에서 자신의 부적절한 욕망을 지지해 달라고 한다면, 그를 돕기 위해 곧고 좁은 길에서 기꺼이 벗어나야 한다. 아주 수치스러운 것을 부탁하는 것이 아니라면 말이다(어차피 친구를 위해 해야 하는 일에는 한계가 있기 마련이다). 그렇지만 평판의 중요성을 과소평가하거나 동료 시민의 호의가 일을 처리하기 위한 무기라고 생각하면 안 된다. 아첨이나 아부를 통해 평판을 얻는 것이 스스로에게는 수치스러운 일이기는 하지만 말이다. 그렇다고 호감을 불러일으키는 덕을 가볍게 무시하면 안 된다.[33]

62

스키피오(내가 그를 자주 언급하는 이유는 그가 우정에 대해 항상 이야기했기 때문이다)는 사람들이 친구보다 친구를 제외한 삶의 모든 것에 더 신경을 쓴다고 한탄하곤 했다. 모든 사람이 자신이 염소나 양을 몇 마리나 갖고 있는지 말할 수 있어도 친구가 몇 명인지는 말하지 못한다고도 했다. 사람들은 무언가를 소유하려고 엄청나게 노력하지만 친구를 얻기 위해서는 노력하지 않는다. 그들에게는 심지어 어떤 사람이 자신의 친구가 되기에 적합한지 판단할 만한 기준이나 지표도 없다.

그러나 우리는 건실하고 안정적이며 믿을 수 있는 사람을 친구로 선택해야 한다. 요즘은 그런 사람이

별로 없기는 하지만 말이다. 문제는 시험해보지 않으면 바람직한 친구의 자질을 갖고 있는 사람이 누구인지 결정하기 어렵다는 점이다. 시험할 수 있는 유일한 방법은 친구가 되는 것이다. 그러므로 우정은 판단보다 앞서고 시험 기간이라는 가능성을 없애버린다.

63

그래서 전차 부대를 정지시키듯 성급하게 밀려드는 호의를 신중히 제지하는 것이 현명하다. 시합에 앞서 항상 말들을 정비하듯 친구가 될 수도 있는 사람의 성격을 살펴봐야 한다.

어떤 사람은 단순한 재정 문제에서 형편없는 성격을 드러낼 것이다. 또 어떤 사람은 얼마 안 되는 돈이 얽혀 있을 때는 잘 처신하더라도 액수가 커지면 본색을 드러낼 것이다.

우정보다 돈을 우위에 두지 않는 사람을 만나더라도 명예와 공직, 군령, 권력, 부귀영화보다 우정을 우선할 사람을 어디서 찾겠는가? 이러한 것들과 우정을 양쪽에 두고 하나만 선택하라고 한다면 사람들은 대부분 전자를 택하지 않겠는가? 그런 것들을 거부하기에는 인간의 본성이 연약하다. 심지어 어떤 사람은 자신이 우정보다 권력을 선택한다고 해도 그게 더 중요한 것이기 때문에 사람들이 용인할 것이라 생각한다.

64

그렇기에 공직에 있거나 정치에 몸담은 사람들 사이에서 진정한 우정을 발견하는 일은 참으로 쉽지 않다. 자신의 성공보다 친구의 출세를 우위에 둘 사람을 어디에서 찾을 수 있단 말인가? 이를 차치하더라도 대부분의 사람에게 다른 사람의 불행을 함께 나누는 것이 얼마나 힘들고 무거운 일이겠는가! 친구와 함께 재난의 구렁텅이로 내려갈 사람을 찾기란 쉽지 않다. 다음과 같은 엔니우스의 말이 정확하다.

믿을 수 있는 친구는 곤경에 처했을 때 찾을 수 있다.

하지만 사람들은 대부분 자신이 잘 되는 상황이나 친구가 잘 안 풀리는 상황에서 약하고 미덥지 않은 모습을 보인다. 만약 그런 상황에서도 친구에게 자신의 믿음과 꾸준함, 안정성을 증명한 사람을 찾을 수 있다면 그는 분명 아주 보기 드문 사람이거나 거의 신에 가까운 사람일 것이다.

65

우리가 우정에서 추구하는 안정성과 꾸준함의 기
초는 신의다. 믿을 수 없다면 안정적일 수 없기 때문
이다. 또한 우리는 정직하고 사교적이며 공감할 줄
아는 친구, 즉 같은 일에 동기부여가 되는 사람을 사
귀어야 한다. 이 모든 것은 사람 사이의 신의를 만들
어간다. 마음이 많이 뒤틀리고 꼬인 사람은 믿음직스
러울 수 없다. 또 같은 것을 보고 감동하지 못하는 사
람이나 근본적으로 본성이 다른 사람은 신뢰할 수도,
안정적일 수도 없다.

믿을 수 있는 친구를 찾는 또 다른 방법은 너에 대
한 소문이 퍼지는 것을 좋아하지 않는 사람이나 다른
사람으로부터 그런 소문을 들었을 때 믿지 않는 사람

을 찾는 것이다. 그래서 처음부터 이야기했듯 진정한 우정은 선한 사람들 사이가 아니면 존재할 수 없다.

선한 사람, 우리가 지혜롭다고 부르기도 하는 사람은 우정의 두 가지 원칙을 지킨다.

첫째로 절대 거짓말하거나 속이지 않는다. 진실한 사람은 친구의 말에 동의하지 않을 때 자신의 진짜 생각을 숨기지 않고 솔직하게 말한다. 둘째로 다른 사람이 친구를 비방하는 이야기를 듣지 않고 친구가 잘못된 일을 했다는 말을 믿지 않으며 의심조차 하지 않는다.

66

덧붙이자면, 두 사람 사이의 말과 행동에는 우정에 특별한 맛을 더하는 유쾌함이 있어야 한다. 적절한 상황에서는 엄숙함과 진지함도 감동적이지만, 우정은 조금 더 쾌활하고 상냥하며 관대해서 모든 방면에서 편안함과 사교성을 지향해야 한다.

우정에 대하여 Ⅲ

친구란 또 다른 나다

그러나 이 지점에서 스스로에게 어려운 질문을 하게 된다. 만약 우리에게 우정이라고 할 만한 새 친구가 생긴다면 늙은 말보다 젊은 말을 선호하듯 오래된 친구보다 새 친구를 선호해야 하는가?

이 얼마나 어리석은 질문인가! 다른 경우와 마찬가지로 우정이 너무 많다는 말은 있을 수 없다. 오래된 우정은 포도주처럼 시간이 지날수록 더욱 근사해진다. 소금을 함께 잔뜩 먹어보아야 우정의 빚을 갚는다는 속담도 맞는 말이다.

68

물론 언젠가 열매를 맺을 푸른 새싹처럼 미래가 기대되는 새로운 우정을 잘라내서는 안 된다. 그렇다 해도 오래된 우정이 우리의 삶에서 지키고 있던 특별한 자리를 반드시 보존해야 한다. 시간과 습관의 힘은 강력하다. 앞에서 언급한 말처럼 문제가 없다면 길들지 않은 새 말보다 익숙한 말을 타곤 한다. 생명체에 대한 익숙함만 중요한 것이 아니다. 험하고 황량하더라도 오랜 시간을 보내며 좋아진 장소가 있듯 무생물에 대한 익숙함도 중요하다.

지위가 낮은 친구들을 공평하게 대하는 것이 특히 중요하다. 친구들 사이에 한 사람이 다른 사람들보다 우위에 있는 상황이 종종 있다. 내가 작은 무리라고 부르곤 했던 우리 모임에서 스키피오가 그러했다.

그러나 그는 필루스, 루필리우스, 뭄미우스(루키우스 뭄미우스 아카이쿠스Lucius Mummius Achaicus), 계급이 낮은 다른 친구들 중 누구도 자신보다 덜 중요하게 여기지 않았다.[34] 심지어 스키피오는 그의 형 퀸투스 파비우스 막시무스 아이밀리아누스(나름대로 훌륭한 사람이었지만 스키피오에 미치지는 못하는)를 연장자라는 이유만으로 존대했다. 스키피오는 언제나 자신과의 관계를 통해 친구들의 장래가 개선되도록 노력했다.

70

이는 우리 모두가 지켜야 할 본보기다. 만약 자신에게 덕이나 재능, 행운이 있다면 가족, 지인과 아낌없이 공유해야 한다. 예를 들어 부모가 미천한 집안 출신이거나 친척이 지식이나 체력, 행운을 타고나지 않았다면 너희는 그들의 재산을 불려주고 명예와 삶의 터전을 개선해주어야 한다.

출생의 비밀과 귀족 부모가 있다는 사실을 알지 못하고 몇 년 동안 노예로 살았던 이야기의 주인공들을 기억하느냐? 그들은 마침내 자신이 왕이나 신의 자녀라는 것을 알았어도 그동안 부모인 줄 알았던 미천한 양치기를 여전히 사랑한다. 그러니 우리가 친부모에게 진 빚은 더욱 클 것이다. 재능과 덕 또는 우리에게 있

는 어떤 탁월함의 결과는 가장 친밀하고 가장 사랑하
는 사람과 함께 나눌 때 가장 아름답게 누릴 수 있다.

그러므로 지위가 높은 사람이 자신보다 지위가 낮은 친구나 지인의 수준에 맞춰야 하는 것처럼, 신분이 낮은 사람들도 친구의 재능이나 재물, 지위가 자신을 능가한다고 상처받지 말아야 한다.

후자에 속하는 많은 사람들은 자신이 친구를 위해 많이 노력해야 하는 일이나 수고를 해주었다고 생각하면서 불평하고 투덜댄다. 그런 사람들은 너무 진저리가 난다. 친절을 기억하고 감사하는 것은 호의를 베푼 사람이 아니라 받는 사람의 몫이다.

　내가 말했듯 지위가 높은 사람은 친구의 수준에 맞게 자기를 낮춰야 하며 가능하다면 친구를 끌어올려 줘야 한다. 어떤 사람들은 자신이 존중받지 못한다고 생각해 우정을 골칫거리로 여긴다. 하지만 이런 일은 진짜로 존중받지 못할 만한 사람일 때만 드물게 일어난다! 그렇다 해도 우리는 말뿐 아니라 행동으로 친구들의 그런 오해를 풀어주려 노력해야 한다.

73

　무엇보다도 너희는 친구를 할 수 있는 한 도와야 한다. 그러나 한편으로는 그들이 감당할 수 있는 정도로만 도와야 한다. 너희가 얼마나 잘나가는 사람이든 모든 친구가 최고의 자리에 올라가도록 도와줄 수는 없다. 스키피오는 푸블리우스 루필리우스가 집정관이 되도록 도울 수 있었지만 자신의 형제 루키우스에게는 그렇게 할 수 없었다. 그러니 너희가 친구들을 위해 엄청난 일을 할 수 있다 해도 어느 정도로 도와야 할지를 항상 생각해야 한다.

74

일반적으로 성격의 틀이 정해지고 생활 방식이 확립되는 나이에 이르기 전까지는 우정에 전념하면 안된다.

어렸을 때 친구들과 어울려 사냥과 공놀이를 좋아하던 경험이 어른이 되어서도 그 어린 시절의 동료들과 친구로 지낸다는 의미가 아니다. 만약 그 같은 원칙이 사실이라면 가장 오랫동안 알고 지낸 보모나 가정부들이 우리와 가장 깊은 우정을 맺고 있다고 주장할 것이다. 물론 그런 하인들을 무시해서는 안 되지만 그들은 다른 방식으로 평가해야 한다.

성인이 될 때까지 기다리는 것이 우정을 안정적으로 만들기 위한 유일한 방법이다. 서로 다른 관심사 때문에 성격이 서로 달라지며 이러한 두 사람의 차이가 우정을 갈라놓는다. 선한 사람은 악한 사람과 친구가 될 수 없으며 악한 사람도 선한 사람과 친구가 될 수 없는 것이 이 때문이다. 그들의 성격과 관심사는 너무도 다르다.

또 다른 우정의 주요 법칙은, 누군가를 향한 과도한 애정 때문에 그가 다른 이를 도울 수 있는 값진 기회를 가로막으면 안 된다는 점이다. 옛 이야기에서 예를 들어보자.

네오프톨레모스Neoptolemus(아킬레우스Achilleus의 아들)가, 자신을 키우고 집을 떠나지 말라고 여러 차례 눈물로 호소했던 할아버지 리코메데스Lycomedes의 말을 따랐다면 그는 절대 트로이를 함락하지 못했을 것이다.

중요한 과업이 우리를 친구와 갈라놓을 때가 있다. 너희가 없으면 슬픔을 견디지 못할 것 같아서 좋은 기회를 잡지 못하게 막는 사람의 천성은 나약하고 비겁하다. 이것이 바로 철없는 친구가 되는 길이다.

76

너희는 항상 친구에게 하는 부탁이 옳은지, 친구가 네게 하는 부탁이 옳은지를 생각해야 한다.

우정이 깨질 때 어쩔 수 없이 불행해진다. 현자들의 우정이 아니라 일상적인 우정에서 말이다. 그런 관계에서 어떤 이는 다른 사람에게 안 좋은 영향을 미치는 악행을 보여줄 것이다. 그러면 악평이 퍼지기 시작해 자신에게도 들어온다. 이때 너희는 그 사람과의 관계를 느슨하게 해야 한다. 아니면 카토의 말대로 우정의 끈을 싹둑 잘라버리는 것이 아니라 매듭을 풀어내야 한다. 하지만 애석하게도 친구의 행동이 마땅히 비난받아야 한다면 명예를 지키기 위해 우정을 즉시 공식적으로 끝내야 할 때도 있다.

그렇지만 친구 사이에서 흔하게 일어나듯 성격이
나 관심사, 정치적 견해에 변화가 생긴다면(말했듯이 나
는 현자들의 우정이 아니라 평범한 우정에 대해 말하는 것이다), 한
때 친구였던 이들이 적이 되지 않도록 유념해야 한
다. 사랑했던 사람과 전쟁을 벌이는 것보다 불명예스
러운 것은 없기 때문이다.

너희도 알고 있겠지만 스키피오는 나 때문에 퀸투
스 폼페이우스와 우정을 정리했고 내 동료인 메텔루
스(퀸투스 카이킬리우스 메텔루스 마케도니쿠스Quintus Caecilius Metellus
Macedonicus)와는 정치적 견해가 맞지 않아 사이가 멀어
졌다.[35] 그렇지만 그는 전혀 분노를 표현하지 않고 두
경우 모두 신중하고 온건하게 처리했다.

그러므로 너희는 먼저 친구 사이에 불화가 일어나지 않도록 노력해야 한다. 만약 불화가 생기더라도 우정의 불이 밟혀 꺼진 것이 아니라 다 타버린 것처럼 보이게 해라. 다시 한번 강조하지만 친구였던 사람이 냉혹한 적으로 돌변하지 않게 주의해라. 비방과 고발과 험담이 그렇게 시작되기 때문이다. 그러나 옛 우정의 명예를 위해 이 또한 견뎌내야 한다. 잘못된 행동을 하는 사람은 너희가 아닌 다른 사람이라는 말이 사람들 입에서 나오게 해라.

이런 불쾌한 상황을 피할 수 있는 방법은 단 한 가지, 자격이 없는 자들에게 너무 빨리 사랑과 우정을 주지 않도록 주의하는 것이다.

너희의 친구가 될 자격이 있는 자들은 그들 내면에
사랑받을 이유가 있는 사람들이다. 이러한 사람들은
드물 것이다. 귀중한 것은 드물기 마련이다. 모든 면
에서 완벽한 표본을 찾는 것보다 어려운 일은 없다.

이 세상 사람들은 대부분 자신에게 도움이 되지
않는 사람에게서 선한 것을 보지 못한다. 마치 소를
살 때처럼 말이다! 그들은 자신이 한 투자에서 가장
큰 보상을 얻게 해줄 사람에게 가장 큰 가치를 부여
한다.

80

그런 사람들은 우정 그 자체로, 그 자체를 위해 추구되는 가장 아름답고 자연스러운 우정을 등한시한다. 뿐만 아니라 그들은 이러한 우정이 얼마나 강력한지 경험하지 못한다. 왜냐하면 모든 사람은 자기자신을 사랑하는데, 이는 자기애에서 어떤 이익을 얻어낼 수 있기 때문이 아니라 자기 자신이 소중하기 때문이다. 이 감정을 우정으로 옮길 수 없다면 진정한 우정을 절대 찾을 수 없을 것이다. 친구란 그야말로 또 다른 자신이다.

하늘의 새와 바다의 물고기, 땅 위의 짐승들, 가축이든 야생동물이든 동물조차도 자기 자신을 사랑한다. 모든 생명체가 똑같이 이 감정을 갖고 태어난다. 자기와 함께 있어줄 비슷한 생명체를 필요로 하고 찾는 것 또한 명백한 사실이다. 동물에게 있는 이 갈망은 인간의 사랑과 거의 같다. 하물며 인간은 자기 자신도 사랑하고, 둘이 하나가 될 수 있도록 영혼을 결합하기 위해 다른 영혼도 찾으려 한다. 그러니 인간의 본성이 이러한 일에 얼마나 더 많은 영향을 주겠는가!

하지만 사람들은 대부분 자기에게는 부족한 자질
이 친구에게 있어야 한다는 어리석고 비뚤어진 생각
을 한다. 이런 사람들은 자기가 상대에게 줄 수 없는
것을 우정에서 찾는다.

그러나 스스로 먼저 선한 사람이 되고 나서 자신과
비슷한 사람을 찾는 것이 순리다. 이런 사람들은 내
가 말하는 안정적인 우정을 훨씬 쉽게 이룬다. 이런
사람들이 호의로 연합할 때, 다른 사람을 구속하려는
욕망을 무너뜨리고 정의롭고 공정한 것에서 기쁨을
얻으며 서로를 위해 모든 노력을 다하게 될 것이다.

이들은 서로에게 명예롭고 옳지 않다면 아무런 요
구도 하지 않을 것이며 서로를 소중히 여기고 사랑할

뿐 아니라 존경할 것이다. 우정에서 존경을 앗아가는
사람은 가장 소중한 보석을 빼앗는 것이다.

우정이 악한 열정과 모든 잘못을 허용하는 자격을 부여한다고 생각한다면 그것은 끔찍한 실수다. 자연은 우리에게 우정을 악의 동반자가 아니라 덕의 조력자로 주었다. 덕의 가장 궁극적인 목적은 혼자일 때 이룰 수 없으며 다른 누군가와 함께할 때만 가능하다. 이런 관계는 과거든 현재든 미래든 자연의 최고 선에 이르는 여정에서 가장 훌륭하고 축복받은 동행으로 존중받아야 한다.

84

이러한 관계에서 사람들이 가치 있다고 여기는 모든 것, 즉 명예, 영광, 영혼의 평안과 기쁨 등을 발견한다. 이것들을 갖고 있을 때 삶은 행복하다. 그렇지 않다면 삶은 행복해질 수 없다. 행복은 가장 높고 위대한 선이므로 얻고 싶다면 반드시 덕을 쌓는 일에 헌신해야 한다. 덕 없이는 우정뿐 아니라 다른 어떤 바람직한 것도 찾을 수 없다.

덕이 부족하지만 친구는 있다고 믿는 사람들은 비극적인 일이 일어나서 친구라 생각했던 이들의 우정이 심판대에 오를 때 크게 실망하게 된다.

그러므로 너희는 사랑한 다음 판단하지 말고 판단해보고 사랑해야 한다(이 말은 자주 반복해도 모자라다). 많은 일에서 부주의하게 행동한 대가를 치르지만, 무엇보다도 친구를 경솔하게 고르고 사귀었을 때 치러야 할 대가가 크다. 판결이 내려진 후에 변론하면 안 된다는 옛 속담을 어기고 행동한 후에 고민에 빠질 때가 많다. 그런 식으로는 어떤 친구와 오래 관계를 맺고 서로를 친절하게 대하다가도 예상치 못했던 불쾌한 일이 일어나면 중간에 우정을 깨야 한다.

우정처럼 중요한 일을 경솔하게 대하는 태도는 가장 거센 비난을 받을 만하다. 우정은 인간의 삶에서 유용하다고 모든 사람이 만장일치로 동의하는 것이기 때문이다.

어떤 사람은 덕이라는 관념을 업신여기면서 겉치레나 자기 홍보에 지나지 않는 것이라고 생각한다. 또 어떤 사람들은 부를 경멸하며 변변찮은 음식과 낡은 옷에서 기쁨을 얻는다. 또 누군가가 추구하는 명예에 대해 다른 사람들은 하찮고 무의미한 것이라고 비난한다. 누군가 훌륭하다고 생각하는 것을 또 다른 누군가는 무가치하다고 여긴다. 그러나 우정만큼은 모두가 같은 생각을 하고 있다.

정치에 인생을 바친 사람, 배움과 철학에서 기쁨을 얻는 사람, 공적 관심사를 떠나 자신의 사업 경영에만 집중하는 사람, 삶을 송두리째 쾌락에 맡긴 사람, 이러한 모든 사람이 노예처럼 살고 싶어 하지 않는 이상 우정 없는 삶은 삶이 아니라는 사실에 동의한다.

우정은 어떤 식으로든 매일 우리의 삶에 스며들어 우정 없이는 살지 못하게 한다. 전설 속 '아테네의 타이먼Timon of Athens'처럼 사납고 험악해서 사람들의 모임을 혐오하고 피하는 사람조차도 자신의 독을 뿜어낼 사람이 주변에 없다면 견디지 못한다.[36] 다음의 이야기를 듣고 내가 옳은지 아닌지를 판단해봐라.

신이 너희를 저 멀리, 좋은 환경이라면 기대할 수 있는 모든 물질적 풍요로움이 주어진 곳으로 옮겨주지만 사람을 찾을 가능성은 없애버렸다고 생각해보라. 그런 삶을 견디는 일은 무쇠처럼 딱딱하지 않겠는가? 철저히 혼자인 네가 기쁨과 즐거움을 느낄 재간이 없지 않겠는가?

88

그 사람, 타렌툼의 아르키타스^{Archytas of Tarentum}의 말이 꼭 맞다. 나는 어른들이 하는 말을 들었고, 그 어른들도 더 어른인 분들에게 들었던 이야기다.[37] 누군가 하늘로 올라가 온 세상의 자연과 별들의 아름다움을 바라본다면 그 경이로움은 그에게 잔인할 것이라는 이야기다. 이야기를 나눌 상대가 있다면 그 경이로움은 더없는 기쁨이 될 테지만 말이다. 본성은 혼자인 것을 좋아하지 않아서 항상 버팀목에 기대게 되며, 그에게 가장 소중한 버팀목은 사랑하는 친구다.

본성은 자신이 무엇을 원하고 추구하고 열망하는지 많은 징후를 통해 알려주지만, 우리는 어떤 이유에서인지 귀가 어두워져 그 목소리를 듣지 못한다.

우정은 다양하고 많은 장점을 지니고 있지만 의심과 모욕의 기회도 많이 제공한다. 우리가 현명하다면 후자는 피하고 웃어넘기며 견뎌야 한다.

유익하고 믿을 수 있는 우정을 원한다면 반드시 받아들여야 하는 모욕은 친구가 좋은 뜻으로 해주는 충고와 비판이다.

89

나의 벗[(희극작가 테렌스(푸블리우스 테렌티우스 아페르 Publius Terentius Afer))]이 자신의 작품 『안드리아Andria』에서 한 말에는 일리가 있다. "관용은 친구를 가져다주지만 진실은 증오를 가져다준다."[38] 진실이 증오를 느끼게 한다면 우정에 유독한 골칫거리가 될 수 있다. 그러나 친구를 파괴적인 행동으로 치닫게 만드는 관용과 묵인이 더 심각하다. 나아가 가장 악한 죄는 진실을 외면하고 너희를 파멸로 이끄는 아첨을 받아들이는 것이다. 그러므로 친구를 몰아세우지 않으면서 충고하고 모욕하지 않으면서 그가 잘못을 깨닫도록 이성적으로 설명하고 주의를 기울여야 한다.

테렌스의 말을 빌리자면, 우리가 만약 친구를 배

려한다면 예의를 갖춰야 하며 악의 시녀인 아첨을 멀리해야 한다. 아첨은 친구뿐 아니라 모든 자유인에게 부적절하며, 친구와 함께 사는 것은 폭군과 사는 것과는 달라야 하기 때문이다.

물론 어떤 이가 귀를 닫고 친구가 진실을 이야기해
도 듣지 않는다면 그는 가망 없는 사람이다. 카토가
남겼던 수많은 이야기와 마찬가지로 이 말도 딱 들어
맞는다.

가장 냉혹한 적은 가장 다정한 것 같은 친구보
다 더 큰 도움이 된다. 전자는 후자가 절대 말
하지 않는 진실을 알려주기 때문이다.

참 이상하게도 사람들은 충고를 들을 때 정작 신경
써야 할 것은 개의치 않고 개의치 않아야 할 것은 신
경에 거슬려 한다. 그들은 자신이 잘못한 행동 때문

이 아니라 비판을 받고 있기 때문에 화가 난 것이다! 그러나 그 반대로 우리는 잘못한 행동에 대해 슬퍼하고 바로잡아주는 말에 기뻐해야 한다.

비판을 정중하게 주고받는 것은 진정한 우정의 표현이다. 너희는 친절하되 매몰차지 않게 바른 말을 해야 하고, 꾸준하지만 주저 없이 친구를 바로잡아야 한다. 친구 사이에 꾸준한 아첨과 아부와 긍정보다 더 나쁘고 파괴적인 것은 없다. 진실 없이 기분 좋은 말만 하는 것은, 그것을 뭐라고 부르든 약하고 거짓된 마음을 지닌 자의 특징이다.

진실을 판단하는 능력을 무너뜨리고 흐리게 하는 위선은 어떤 상황에서도 비열한 것이며 우정에서 특히 그렇다. 위선은 진실을 파괴하며, 진실하지 않은 '우정'이라는 말은 의미 없다. 우정의 힘은 이를테면 여러 영혼을 하나로 합치는 것이다. 만약 한 사람의 영혼이 한결같지 않고 항상 움직이고 변화하며 분열한다면 어떻게 결합할 수 있겠는가?

93

친구의 변덕스러운 기분과 소망뿐 아니라 그의 표
정과 고갯짓에도 영향을 받고 변하는 누군가의 영혼
만큼 변덕스러운 것이 어디 있겠는가?

그가 아니라 하여 나도 아니라 한다.
그가 그렇다 하니 나도 그렇다 한다.
나 자신에게 말하노니
그저 그가 하는 모든 말에 동의하라.

이 인용구도 테렌스의 글에 나오는 나토^{Gnatho}라는
인물의 대사다.[39] 이러한 우정을 권하는 것은 한심한
농담이다.

94

그러나 지위도 높고 명성과 재산까지 갖춘 사람들 중에는 나토 같은 사람이 많다. 그래서 이렇게 성공한 사람들은 아첨하는 자에게 위태로운 권력을 부여한다.

그러나 부지런히 살피면 진짜와 가짜를 구분할 수 있는 것처럼 주의 깊게 살펴보면 진정한 친구와 아첨하는 친구를 가려낼 수 있다.

교육을 받지 못한 사람들로 가득한 민회Public assembly에서도 남의 약점이나 이용하는 천박한 지도자와 꾸준하고 성실하며 책임감 있는 사람의 차이를 구별할 수 있다.

최근 가이우스 파피리우스가 호민관 재선을 허용하는 법안을 제안했을 때 민회 사람들의 귀에 얼마나 아첨을 많이 했는지 모른다.[40] 물론 나는 그 제안에 반대했지만 내 자신에 대해 말하기보다는 차라리 스키피오에 대해 말하는 것이 낫겠다.

그런데 이를 어쩌겠는가, 파피리우스의 말에는 무게와 위엄이 있었다! 그는 그저 자기 패거리에서뿐 아니라 로마인들의 지도자였다고 너희도 쉽게 말할 수 있을 것이다(너희도 그 자리에 있었고, 그 연설은 책으로 출판되기도 했으니 더 이야기하지는 않겠다). 그 결과, 그 민중의 법은 민중의 투표를 통해 완전히 무산되었다.

미안하지만 내 이야기를 한 번 더 하겠다. 스키피

오의 형제 퀸투스 막시무스와 루키우스 만키누스(루키우스 호스틸리우스 만키누스Lucius Hostilius Mancinus)가 집정관일 당시 가이우스 리키니우스 크라수스Gaius Licinius Crassus 가 상정한 사제직 관련 법안이 대중에게 얼마나 인기를 얻었는지 기억해봐라.⁴¹ 그는 대중의 투표를 통해 비어 있는 사제들의 자리를 채우고 싶어 했다(크라수스는 최초로 포럼을 보면서 연설한 사람이었다).

그러나 내가 그 법안을 논박했을 때 불멸의 신을 향한 나의 존경심이 그의 뻔뻔한 아첨을 손쉽게 압도해버렸다. 그당시 나는 법무관일 뿐 집정관이 되기 5년 전이었으므로 내가 어떤 대단한 권위로 명령했던 것이 아니라, 자신의 이익을 생각하는 군중이 내 주장을 납득했음을 너희도 알 수 있을 것이다.

97

그러니 분명하고 명백했던 진실이 거짓과 속임수로 가득한 정치판도 설득한다면 진실에 전적으로 의존하는 우정에서는 얼마나 더 중요하겠는가?

만약 너희가 친구와 열린 마음으로 서로의 가슴속을 보여주지 못한다면 너희에게는 확실하고 믿을 만한 것이 아무것도 남지 않을 것이다. 또 진정한 사랑이 무엇인지도 모를 테니 진심으로 사랑하고 사랑받는 기쁨도 알지 못할 것이다.

그러나 아첨이 아무리 위험하다 해도 그것을 기꺼이 환영하고 받아들이는 사람에게만 해로울 뿐 그렇지 않은 이에게는 아무런 해를 끼치지 못할 것이다. 그러므로 아첨꾼들의 말에 귀를 기울이는 사람은 공교롭게도 아첨하는 것을 가장 즐기고 좋아하는 사람이다.

98

물론 덕도 자신을 사랑한다. 덕은 스스로를 가장 잘 이해하고 자기가 얼마나 사랑스러운지를 알기 때문이다. 그러나 나는 여기서 진짜 덕이 아니라 덕의 평판에 대해 이야기하려고 한다.

많은 사람이 덕을 가질 수 있다고 생각하는 만큼 갖고 싶어 하는 것은 아니다. 이런 사람들은 아첨을 좋아하기 때문에 비위를 맞추려고 꾸며낸 말을 들어도 그 빈말을 기꺼이 자신의 장점을 뒷받침하는 확실한 증거로 삼는다. 그러므로 한 사람은 진실을 듣지 않으려 하고 다른 한 사람은 거짓말하는 데 혈안이 되어 있으니 그런 우정은 아무것도 아니다.

허풍 떠는 병사들이 없었다면 희극에서 아첨하는

예스맨들을 비웃지 못했을 것이다. "타이스^{Thais}가 내게 그렇게나 고마워한다고?" [군인 트라소^{Thraso}가 무대에서 묻는다.]⁴² "그렇습니다"라고만 대답해도 충분한데 아첨꾼은 "예, 무지하게 고마워하던걸요"라고 대답한다. 아첨꾼은 항상 고객이 듣고 싶어 하는 것에 맞추어 자신의 반응을 더 과장한다.

99

그러므로 이처럼 무의미한 아첨은 그것을 바라고 환영하는 사람들에게 가장 효과가 좋을 것이다. 하지만 진지하고 분별 있는 사람이라도 기만적인 거짓말에 속지 않도록 주의하라는 권고를 새겨들어야 한다.

아주 바보가 아니고서야 뻔한 아첨꾼을 분간하지 못하는 사람은 없다. 그러나 노련하고 교묘한 구렁이 같은 인간이 파고들지 않도록 각별히 주의해야 한다. 그런 사람은 알아보기 매우 어렵다. 너희의 의견에 반대하면서도 아첨을 늘어놓고 싸움에 휘말리게 한 후 마침내 자기가 설득당한 것처럼 해서 속아 넘어간 너희들이 탁월한 통찰력이 있는 사람으로 보이게 만들기 때문이다! 이렇게 기만당하는 것보다 더 수치스

러운 일이 있겠는가? 이런 일을 당하지 않도록 각별히 주의해서 다음과 같은 말이 나오지 않게 해라.[43]

너는 나를 희극에 나오는 우스꽝스러운 노인들,
그중에서도 가장 천치로 만들었구나.
아주 노련한 솜씨로 나를 바보로 만들었어.

100

재치도 없고 잘 속아 넘어가는 노인은 연극에서 가장 우스꽝스러운 인물이다.

어쩌다 보니 선한 사람들, 말하자면 현명한 사람들 (실제로 사람들이 가질 수 있는 '지혜'를 갖춘 사람을 뜻한다)의 우정이라는 주제에서 경박한 사람들의 우정에 관한 이야기로 흘러왔구나. 다시 처음 주제로 돌아가 우리가 나눈 이야기를 정리하자.

덕이다, 사랑하는 가이우스 판니우스 그리고 퀸투스 무키우스 스카이볼라여, 우정을 만들고 보존하는 것은 덕이다. 덕은 공존과 안정, 영속성의 근원이다. 덕이 일어나 그 빛을 밝히고 그와 같은 빛을 다른 사람에게서 발견할 때, 덕은 그에게 이끌려 서로 가진 것을 주고받는다.

이렇게 공유하면서 사랑(아모르amor)이나 우정(아미키티아amicitia)이 빛을 발산하는데, 둘 다 '사랑하다'라는 뜻의 한 단어(아마레amare)에서 파생했기 때문이다. 누군가를 사랑한다는 것은 자신의 필요와 이익을 먼저 생각하지 않고 누군가를 보살피는 것을 뜻한다. 그런데 이익을 적극적으로 추구하지 않아도 우정이라는 꽃은 피어난다.

101

내가 청년이었을 때 루키우스 파울루스나 마르쿠스 카토, 가이우스 갈루스, 푸블리우스 나시카(푸블리우스 코르넬리우스 스키피오 나시카 세라피오 Publius Cornelius Scipio Nasica Serapio), 사랑하는 친구 스키피오의 장인 티베리우스 그라쿠스[44] 같은 노인들에게 애정을 느꼈던 것은 일종의 호의였다.

우정은 나이가 비슷한 사람들, 예를 들면 스키피오와 루키우스 푸리우스, 푸블리우스 루필리우스, 스푸리우스 뭄미우스, 그리고 나 같은 사이에서 더 밝게 빛난다.

하지만 너희이나 퀸투스 투베로처럼 젊은 사람들, 심지어 그보다 더 어린 푸블리우스 루틸리우스(푸블리우스 루틸리우스 루푸스^{Publius Rutilius Rufus})나 아울루스 베르기니우스^{Aulus Verginius}**45**와 교제하는 것도 매우 즐겁다. 새로운 세대와 가까워지면서 이전 세대를 대체하는 것은 인간의 삶과 본성의 법칙이므로 출발선에 함께 서 있는 그 사람들과 함께 인생의 경주를 완주하는 것은 가장 큰 기쁨이 될 것이다.

102

하지만 인간사는 덧없고 순간적이어서 우리는 항상 사랑하고 사랑을 되돌려줄 누군가를 찾아야 한다. 삶에서 애정이나 호의가 사라지면 모든 즐거움도 사라지기 때문이다.

실제로 스키피오는 갑자기 세상을 떠나버렸지만 그럼에도 나에게 그는 여전히 살아 있고 앞으로도 계속 그럴 것이다. 내가 사랑했던 것은 그의 덕이었고 그 덕은 아직 죽지 않았기 때문이다. 그 덕은 내 눈앞에만, 그것을 언제나 곁에 두고 있던 나에게만 존재하는 것이 아니라, 아직 태어나지 않은 사람들에게도 밝고 분명하게 빛날 것이다.

그 위대한 스키피오에 관한 기억과 그의 모습을 간

직해야 한다는 생각 없이는 그 누구도 용기와 희망을 가지고 삶의 막중한 임무를 수행하지는 못할 것이다.

103

운명이나 자연이 내게 준 모든 축복 중에 스키피오
와의 우정과 비교할 수 있는 것은 없다. 이 우정의 바
탕에는 공적인 일에 관한 동의와 사적인 일에 관한
현명한 조언, 기쁨이 가득한 회복이 있다.

내가 아는 한 나는 아주 사소한 일로도 그를 불쾌
하게 하지 않았을 뿐더러 그도 나에게 그렇게 하지
말라고 말한 적이 없다. 우리는 같은 집과 같은 삶의
방식을 공유했다. 군대에서도 시골로 여행을 갔을 때
나 휴가 중에도 그러했다.

104

대중의 시선을 피해 여가를 즐기며 지식과 배움에 쏟았던 우리의 열정까지 언급할 이유가 있을까? 그런 추억과 기억이 그와 함께 사라졌다면 나는 내게 소중했고 친밀했던 사람을 잃은 상실을 견디지 못했을 것이다. 하지만 그 경험들은 죽지 않았다. 오히려 우리가 함께 보냈던 시간을 기억하고 떠올릴 때 그 추억은 풍성해지고 단단해졌다.

훗날 기억력이 흐려져 스키피오를 기억하지 못하게 되더라도, 그를 더 오랫동안 그리워하지 않아도 되는 것이므로 그 나이 자체에서 위로를 얻으리라. 우리는 아무리 고통스럽다 해도 순간일 뿐인 그 고통을 견딜 수 있어야 한다.

우정에 관해 내가 할 수 있는 말은 여기까지다. 내 젊은 벗들이여, 나는 너희가 덕을 얻기 위해 노력하기를 바란다. 덕 없이는 우정이 존재할 수 없기 때문이다. 덕을 제외하면 우리가 인생에서 찾을 수 있는 가장 훌륭한 것은 우정이다.

엮은이 주

1 저명한 변호사 퀸투스 무키우스 스카이볼라는 기원전 117년에 집정관을 지냈다.

2 복점관은 공식적인 예언자 모임의 일원으로, 다른 직무들 중에서도 하늘의 징조를 살폈던 사람이다.

3 기원전 140년 집정관이었던 가이우스 라일리우스는 유명한 연설가이자 그리스 철학자들의 후견인으로 사피엔스^{Sapiens}(현자)라는 별명을 얻었다.

4 청년 로마인은 16, 17세가 되면 성인용 토가인 '토가 비릴리스'를 입었다.

5 이 퀸투스 무키우스 스카이볼라는 뛰어난 변호사로 기원전 95년에 집정관을 지냈다.

6 대신관은 로마의 최고 제사장이었다.

7   티투스 폼포니우스 아티쿠스(기원전 110~32)는 키케로의 어린 시절 가장 친한 친구였다.

8   푸블리우스 술피키우스 루푸스는 루키우스 코르넬리우스 술라Lucius Cornelius Sulla와 무력 분쟁 중이었던 가이우스 마리우스Gaius Marius의 편이었던 반면, 기원전 88년 집정관을 지낸 퀸투스 폼페이우스 루푸스는 술라의 편이었다.

9   호민관은 평민들의 권리를 공식적으로 옹호하는 관리였다.

10   로마는 매년 나라를 이끌어가는 관리로 집정관을 2명씩 선출했다.

11   가이우스 판니우스는 기원전 122년 집정관을 지냈다.

12   푸블리우스 코르넬리우스 스키피오 아이밀리아누스 아프리카누스는 제3차 포에니 전쟁에서 카르타고를 제패했다. 그가 사망한 정황은 불가사의하다.

13   마르쿠스 포르키우스 카토(기원전 235~149)는 저명한 로마 정치인이자 보수적인 덕행으로 유명한 연설가였다. 키케로가 언급한 책은 『노년에 관하여Cato Maior / De Senectute』

로도 알려져 있으며, 내가 『어떻게 나이 들 것인가How to Grow Old』(Princeton, 2016(아날로그, 2021 번역 · 출간))으로 번역하기도 했다.

14　문자 그대로 그의 성cognomen, 즉 로마 남성의 이름 중 맨 마지막에 쓰는 이름은 보통 가문에서 따라 정해지지만 정부나 전쟁에서 탁월한 업적을 나타낸 사람에게 부여 되기도 한다.

15　7현인은 그리스에서 가장 현명하다고 여겨지는 사람들 이다. 이에 포함되는 인물들은 기록에 따라 조금씩 다르 지만 일반적으로 아테네의 솔론Solon of Athens, 밀레토스의 탈레스Thales of Miletus, 미틸레네의 피타쿠스Pittacus of Mytilene, 프리에네의 비아스Bias of Priene, 로도스의 클레오부스Cleobus of Rhodes, 케나이의 뮤손Myson of Chenae, 스파르타의 킬론Chilon of Sparta을 포함한다. 델포이 아폴로의 신탁에서 가장 현명 하다고 선언한 사람은 소크라테스Socrates였다.

16　복점관들은 각 달의 노네스(5일 또는 7일)에 모였다. 데키 무스 브루투스는 기원전 138년 집정관을 지냈다.

17 루키우스 아이밀리우스 파울루스 마케도니쿠스는 기원 전 182년과 168년에 집정관을 지낸 유명한 장군이었다. 가이우스 술피키우스 갈루스는 기원전 166년에 집정관을 지냈다.

18 카르타고와 벌인 포에니전쟁(기원전 146년)과 스페인의 누만시아 정복(기원전 133).

19 스키피오는 죽기 전날 그의 정치적 숙적인 카르보(가이 우스 파피리우스 카르보 Gaius Papirius Carbo)와 농지법에 대해 논 쟁을 벌였다. 그다음 날 침상에서 죽은 채로 발견되어 스 키피오를 카르보가 죽인 것이 아니냐라는 추측이 많았 다.

20 환생을 가르쳤던 고대 그리스의 철학자 피타고라스 Pythagoras의 추종자들을 말한다.

21 기원전 202년 자마전쟁에서 한니발을 격퇴한 스키피오 아프리카누스(푸블리우스 코르넬리우스 스키피오 아프리카 누스 Publius Cornelius Scipio Africanus)인 대스키피오는 기원전 204년 과 194년에 집정관을 지냈다. 키케로는 이 3일 동안 나누

었던 스키피오의 상상 속 이야기를 자신의 책『국가에 관하여On the State』중 「스키피오의 꿈Dream of Scipio」에서 풀어낸다.

22 테세우스Theseus와 페이리토스Pirithous, 아킬레우스Achilleus와 파트로클로스Patroklos, 오레스테스Orestes와 필라데스Pylades, 다몬Damon과 핀티아스Phintias(피디아스Pythias)

23 가이우스 파브리키우스 루스카니우스(기원전 282년, 278년 집정관)는 침략군의 장군이었던 피로스의 뇌물을 거절했다. 마니우스 쿠리우스 덴타투스(기원전 290, 275, 274년에 집정관)는 피로스를 무찔렀다. 티베리우스 코룬카니우스(기원전 280년 집정관)는 출세한 장군이자 평민 출신으로는 최초로 로마의 최고 제사장인 대신관이었다.

24 퀸투스 엔니우스(기원전 239~169)는 키케로가 매우 동경했던 고대 로마 초기 시인이다.

25 고대 그리스의 철학자 엠페도클레스Empedocles는 기원전 5세기경 시칠리아섬에서 살았다.

26 마르쿠스 파쿠비우스는 키케로가 태어나기 전 기원전

2세기에 이탈리아 남부에 살았던 극작가다. 여기 언급된 연극에 등장하는 사건에서 두 친구 필라데스와 오레스테스는 크림반도의 원주민들에게 붙잡혀 아르테미스 Artemis 여신상을 훔치려 한 죄목으로 사형을 선고받는다.

27 전해지는 이야기에 따르면 타르퀴니우스는 기원전 534년에서 509년까지 로마를 다스린 마지막 왕이었다. 스푸리우스 카시우스 베켈리누스와 스푸리우스 마일리우스는 기원전 5세기에 공화국을 전복하고 로마를 군주국으로 되돌리려고 시도하다가 고발당했다. 그리스 서부 에피루스 출신 피로스는 기원전 280년 이탈리아를 침략했고, 카르타고의 장군 한니발은 기원전 218년 알프스를 넘어 이탈리아로 들어가 로마를 멸망시키려고 위협했다.

28 로마 귀족 가이우스 마르키우스 코리올라누스는 기원전 5세기 초 로마에 있는 동료들과 로마를 점거하려고 공모했다.

29 티베리우스 셈프로니우스 그라쿠스는 토지 개혁을 비롯해 다른 정책들을 통해 로마를 급진적으로 개혁하려 했

지만 기원전 133년 원로원 집단에게 살해당했다. 가이우스 블로시우스는 로마에 대항했다가 패배하고 아시아에서 자살했던 스토아학파 철학자다.

30 가이우스 파피리우스 카르보는 약 기원전 130년에 호민관을 지냈고, 가이우스 포르키우스 카토는 기원전 114년 집정관이 되었다.

31 기원전 139년 가비니우스법을 제정하면서 무기명 투표를 도입했다. 2년 뒤에는 카시우스법에서 그 투표법의 적용 범위를, 형사사건에서 배심원을 선출하는 데까지 확장했다.

32 테미스토클레스는 기원전 471년경 아테네를 떠났다. 또 다른 고대 자료에서는 코리올라누스와 테미스토클레스가 장수했고 망명하다가 자연사했다고 전한다.

33 이 단락은 키케로가 무엇을 말하려고 하는지 분명하지 않고, 앞서 옹호했던 우정에서 가져야 하는 의무에 관한 고상한 입장과 모순되는 것 같아서 번역하기 까다롭다.

34 루키우스 푸리우스 필루스(기원전 136년 집정관), 푸블리

우스 루필리우스(기원전 132년 집정관), 루키우스 뭄미우스(기원전 146년 집정관), 퀸투스 파비우스 막시무스 아이밀리아누스(기원전 145년 집정관).

35 전하는 바에 따르면 퀸투스 폼페이우스 루푸스는 처음에는 후보가 아닌 척 가장하다가 라일리우스를 누르고 기원전 141년에 집정관이 되었다. 퀸투스 카이킬리우스 메텔루스 마케도니쿠스(기원전 143년 집정관)는 이 대화가 진행되던 당시 복점관 모임에 속한 라일리우스의 동료였다.

36 기원전 5세기에 살았던 것으로 추정되는 인물. 아리스토파네스^Aristophanes가 처음 언급했으며, 훗날 셰익스피어 비극의 주인공이 되었다.

37 이탈리아 남부 타렌툼의 아르키타스는 기원전 4세기 그리스 철학자이자 과학자였다.

38 『안드리아』 69. 테렌스는 기원전 2세기 인물이다.

39 『환관^Eunnuch』 250

40 기원전 130년

41 기원전 145년

42 테렌스의 『내시』 391

43 카이킬리우스 스타티우스^{Caecilius Statius}, 『상속녀^{Heiress}』

44 루키우스 아이밀리우스 파울루스(기원전 182년, 168년 집
정관), 마르쿠스 포르키우스 카토(기원전 195년 집정관), 푸
블리우스 코르넬리우스 스키피오 나시카(기원전 191년 집
정관), 그라쿠스 형제의 아버지 티베리우스 그라쿠스(기
원전 177년 집정관)

45 루키우스 푸리우스 필루스(기원전 136년 집정관), 푸블리
우스 루필리우스(기원전 132년 집정관), 스푸리우스 뭄미
우스[기원전 146년 집정관(스푸리우스는 로마 군인이자 시인
이었고 기원전 146년에 집정관을 지낸 뭄미우스는 그의 형제
루키우스 뭄미우스이다.—한글 옮긴이)], 푸블리우스 루틸리
우스(기원전 105년 집정관). 아울루스 베르기니우스는 달
리 알려진 것이 없다.

더 읽어볼 책

Cicero, Marcus Tullius. *How to Grow Old: Ancient Wisdom for the Second Half of Life*. Translated and with an introduction by Philip Freeman. Princeton: Princeton University Press, 2016.

_____. *How to Run a Country: An Ancient Guide for Modern Leaders*. Selected, translated, and with an introduction by Philip Freeman. Princeton: Princeton University Press, 2013.

_____. *On the Good Life*. Translated with an introduction by Michael Grant. New York: Penguin Books, 1971.

Cicero, Quintus Tullius. *How to Win an Election: An*

Ancient Guide for Modern Politicians. Translated with an introduction by Philip Freeman. Princeton: Princeton University Press, 2012.

Everitt, Anthony. *Cicero: The Life and Times of Rome's Greatest Politician*. New York: Random House, 2001.

Gruen, Erich. *The Last Generation of the Roman Republic*. Berkeley: University of California Press, 1995.

Rawson, Elizabeth. *Cicero: A Portrait*. London: Bristol Classical Press, 1983.

Richard, Carl J. *The Founders and the Classics: Greece, Rome, and the American Enlightenment*. Cambridge: Harvard University Press, 1994.

Scullard, H. H. *From the Gracchi to Nero: A History of Rome from 133 BC to AD 68*. New York: Routledge, 1982.

Syme, Ronald. *The Roman Revolution*. Oxford:

Oxford University Press, 2002.

옮긴이_ 김현주

서울신학대학교 신학과를 졸업하고 현재 바른번역 소속 전문 번역가로 활동하고 있다. 옮긴 책으로는 아날로그 아르고스 시리즈 중 『어떻게 죽음을 맞이할 것인가?』, 『어떻게 재치 있게 농담할 것인가?』가 있고, 『멈추고 정리』, 『걱정하지 않는 엄마』, 『리버스』, 『우리는 왜 이별했을까?』 등이 있으며, 철학 계간지 『뉴필로소퍼』를 공역했다. 일상의 작은 행복에 크게 기뻐하며 주변 환경과 지구 환경을 소중히 여긴다.

어떻게 의미 있는 관계를 맺을 것인가?(보급판)

초판 1쇄 인쇄 2024년 6월 25일 **초판 1쇄 발행** 2024년 7월 5일

엮은이 필립 프리먼 옮긴이 김현주
펴낸이 김종길 펴낸 곳 글담출판사 브랜드 아날로그

기획편집 이경숙·김보라 **마케팅** 성홍진
디자인 손소정 **홍보** 김지수 **관리** 이현정

출판등록 1998년 12월 30일 제2013-000314호
주소 (04029) 서울시 마포구 월드컵로8길 41 (서교동 483-9)
전화 (02) 998-7030 **팩스** (02) 998-7924
페이스북 www.facebook.com/geuldam4u **인스타그램** geuldam
블로그 http://blog.naver.com/geuldam4u

ISBN 979-11-92706-24-5 (04160)
      979-11-87147-61-9 (세트)

책값은 뒤표지에 있습니다.
잘못된 책은 바꾸어 드립니다.